Marey Kurz

Vollkornbrote selber backen

Erprobte Rezepte und
wertvoller Rat

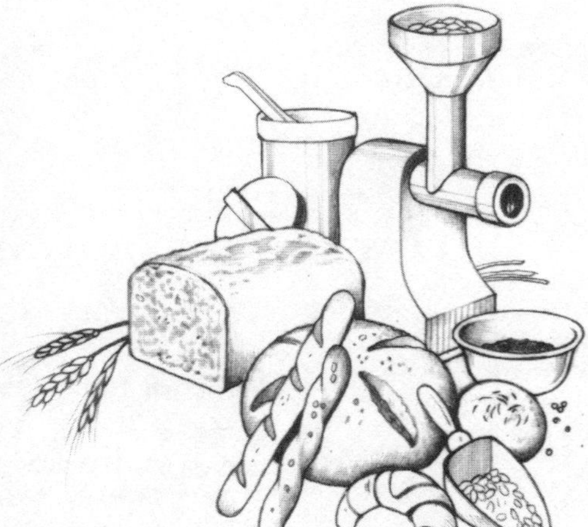

GU

Gräfe und Unzer

Umschlagfotos
Vorderseite: Erfolg von Anfang an mit selbstgebackenen Vollkornbroten. Buttermilchbrot und Zwiebelbrötchen, Rezepte Seite 27 und 76; Kleine Leinsamenbrote, Rezept Seite 26; Focaccine al pesto, Rezept Seite 79.
2. Umschlagseite: Ideal für Einsteiger ist das köstliche Milch-Butter-Toastbrot, Rezept Seite 48.
3. Umschlagseite: Ein herzhaftes Vierkorn-Sojaschrotbrot mögen Sportler als eiweißreiche Kraftnahrung gern, Rezept Seite 84.
Rückseite: Einfach oder festlich, jeder findet seine Lieblings-Brotgenüsse. Plattenbrot, Rezept Seite 27; Gefüllte Dreikornhörnchen, Rezept Seite 83; Weizenknäckebrot, Rezept Seite 40.

CIP-Kurztitelaufnahme der Deutschen Bibliothek

Kurz, Marey:
Vollkornbrote selber backen: erprobte Rezepte u. wertvoller Rat / Marey Kurz. - 1. Aufl. - München: Gräfe u. Unzer, 1988.

ISBN 3-7742-3321-7

1. Auflage 1988

Redaktion: Antje Schunka-Späth
Herstellung: Monika Gerretz
Farbfotos: Susi und Pete A. Eising
Zeichnungen: Gerlind Bruhn
Umschlaggestaltung: Heinz Kraxenberger
Satz und Druck: Appl, Wemding
Reproduktion: Brend'amour, Simhart GmbH & Co.
Bindung: Sellier, Freising

ISBN 37742-3321-7

Marey Kurz

stammt aus einer deutsch-baltischen Familie. Als junges Mädchen kochte sie oft für Eltern und Geschwister und interessierte sich dabei für alles, was mit gesunder Küche zusammenhängt. Da sie selbst jahrelang Diät halten mußte, begann sie sich intensiv mit der Vollwertkost zu beschäftigen. Und die Versuche gaben ihr recht: die ganz konsequente Umstellung der Ernährung brachte eine Besserung der gesundheitlichen Probleme. So schrieb sie ihr erstes Kochbuch »Die neue Vollwertküche - schnell und leicht«. Inzwischen kamen in der Reihe »Kleine Vollwert-Kochbücher« die erfolgreichen Titel »Soja in der Vollwertküche«, »Vollwertkost, die Kindern schmeckt« und »Vollwert-Rezepte für 1 Person« hinzu, außerdem zahlreiche Beiträge in verschiedenen GU Standard-Kochbüchern.

Wichtiger Hinweis

Kaufen Sie möglichst nur gereinigtes Getreide, denn Schmutz und Unkrautsamen (vor allem Samen der giftigen Kornrade) dürfen nicht enthalten sein. Das gleiche gilt auch für das heute wieder häufiger auftretende Mutterkorn, das vor allem den Roggen befällt. Es ist ein deutlich erkennbares, schwärzliches und meist stark vergrößertes Korn. In größeren Mengen verzehrt (etwa 5–10 g) ruft es lebensgefährliche Vergiftungserscheinungen hervor. Die Gefahr ist allerdings relativ gering, wenn Sie, wie empfohlen, gereinigtes Getreide kaufen.

Inhalt

Ein Wort zuvor

Wenn Sie beim Durchblättern die brillanten Farbfotos mit der Vielfalt der Brotsorten sehen, werden Sie feststellen, daß Vollkornbrot nicht nur dunkel und grobkörnig sein muß, sondern daß es helle, lockere und äußerst raffinierte Brote und Brötchen gibt, die Sie alle problemlos selbst backen können. Schon der erste Versuch ist faszinierend. Sauerteig selbst anzusetzen und zu sehen, wie er allmählich die richtige Konsistenz bekommt, macht einfach Spaß.
Vollkornbrot ist heute für viele der Inbegriff gesunder Kost. Und tatsächlich ist es auch ein wesentlicher Bestandteil vollwertiger Ernährung. Wenn Sie täglich Vollkornbrot essen, spüren Sie schon bald eine deutliche Wirkung: mehr Wohlbefinden und Vitalität, länger anhaltendes Sättigungsgefühl. Brot aus Vollgetreide, früher die Lebensgrundlage, ist auf dem besten Wege, seine Stellung zurückzuerobern. Das naturbelassene Getreidekorn enthält praktisch alle lebensnotwendigen Nährstoffe. Viele Zivilisationskrankheiten werden durch den Reichtum an Ballaststoffen günstig beeinflußt. Das allerdings gilt natürlich nur, wenn Sie Vollkornbrot wirklich regelmäßig essen.
Wenn Sie noch nicht daran gewöhnt sind, Vollkornbrot zu essen, backen Sie zunächst lockeres Dinkelbrot oder Toastbrot und Hefebrötchen. Gehen Sie dann allmählich zu Backfermentbroten oder Brot mit gröberem Schrot über. Essen Sie am Anfang das Brot nicht allzu frisch und nicht zuviel davon auf einmal, auch wenn es noch so gut schmeckt! Ihr Organismus muß sich umstellen, wenn Sie sonst stets ballaststoffarmes Brot gegessen haben.
Alle Rezepte in diesem Buch habe ich gründlich getestet und so genau und unkompliziert beschrieben, daß Sie ein erfolgreicher Brotbäkker werden können. Schritt-für-Schritt-Fotos erleichtern schwierigere Arbeitsgänge. Viele Tips rund um die Zutaten und das Backen selbst sowie Zeichnungen und eine kleine Warenkunde helfen Ihnen, damit von Anfang an alles leicht gelingt.
In den Rezeptkapiteln finden Sie Brote für jeden Tag, Knuspriges zum Frühstück, Besonderes aus dem Brotkorb, Brote für die Party und zuletzt eine Reihe von Spezialbroten. Denn wer glutenfrei, salzlos, kohlenhydratarm oder eiweißreich essen will oder muß, der weiß, daß es oft gar nicht einfach ist, derartige Brote im Angebot zu finden. »Normale« Vollkornbrote dagegen werden heute schon von vielen Bäckereien angeboten. Trotzdem möchte ich auf das Selberbacken und das selbstgebackene Brot nicht mehr verzichten, selbst wenn für jeden Geschmack und Geldbeutel Brote angeboten würden. Der Bäcker und die Fabrik müssen rationell und schnell arbeiten, Fertigbrotmischungen sind auch im Vollkornbereich meist üblich, und Besonderes hat einfach seinen Preis.
Vollkornbrote aus ganz frisch gemahlenem Getreide, die ausreichend Zeit zum Gären und Aufgehen hatten, schmecken einfach anders – ich meine, besser. Der Zeitaufwand fällt kaum ins Gewicht. Sie wissen genau, ob das Getreide aus kontrolliertem Anbau kommt und welche Zutaten Ihr Brot außerdem enthält – das heißt, Sie bestimmen die Qualität des Endergebnisses. Sie können es ganz nach Belieben mit knuspriger oder weicher Kruste, mit saftiger oder sehr durchgebackener Krume backen. Sie können mit weniger gebräuchlichen Getreidearten seine Wertstoffe anreichern. Und nicht zuletzt macht es Spaß, kreativ zu sein und den köstlichen Duft des Frischgebackenen zu genießen.
Nun wünsche ich Ihnen viel Spaß beim Backen, viel Erfolg und guten Appetit.

Ihre Marey Kurz

Brot aus dem eigenen Ofen

Warum Vollkornbrot?

Frisch gemahlenes Vollkornmehl oder -schrot enthält alle Inhaltsstoffe aus dem vollen Korn: Der Mehlkörper, der etwa 82% des Korns ausmacht, besteht hauptsächlich aus Stärke, enthält aber auch wertvolles Eiweiß. Der Keimling (etwa 3% des Korns), enthält wertvolle Wirkstoffe, nämlich essentielle Fettsäuren, Vitamine, Mineralstoffe und Spurenelemente. Die Schale sowie die Aleuronschicht, die zusammen etwa 5% des Korngewichtes ausmachen, enthalten Ballaststoffe und Wirkstoffe, also Vitamine, Mineralstoffe und Spurenelemente.
»Weißes« Mehl, als Auszugsmehl im Handel, enthält, wie der Name schon sagt, nur einen »Auszug« aus dem vollen Korn. Der wertvolle Keim wird aus solchen Mehlsorten immer entfernt, denn durch seinen Gehalt an Weizenkeimöl würde er das Mehl rasch ranzig werden lassen.
Die Typenzahlen bei Mehl bedeuten: Wenn man 100 g Mehl der Type 405 verbrennt, bleiben 405 Milligramm Asche, also Mineralstoffe, zurück. Verbrennt man 100 g Mehl der Type 1050, bleiben 1050 Milligramm Asche, also Mineralstoffe, zurück. Vollkornmehl oder -schrot enthält etwa zwischen 1700 und 2000 Milligramm Asche und fällt aus der Mehltypenbezeichnung heraus.
Das volle Korn ist eine ideale »Naturkonserve«, die alle Nähr- und Wirkstoffe bis zum Gebrauch praktisch unverändert bereithält. Wird das Korn aber zerkleinert oder gemahlen, verdirbt ein Teil der wertvollsten Inhaltsstoffe sehr schnell oder geht verloren. Daher werden Sie immer wieder die Empfehlung hören oder lesen, daß Vollkornmehl oder -schrot erst kurz vor dem Verwenden frisch gemahlen werden soll. Moderne Haushaltsgetreidemühlen machen diese Arbeit zum Kinderspiel (siehe Seite 15); in manchen Reformhäusern und Naturkostläden wird sie Ihnen sogar abgenommen. Warum sich also nur mit einem »Auszug« aus dem Nährstoffangebot zufriedengeben, wenn es so einfach ist, das volle Korn selbst frisch zu verarbeiten?
Auszugsmehl wurde geschaffen, weil es durch seine lange Haltbarkeit der Industrie und dem Handel nützt. Für den Menschen ist das leicht verderbliche Vollkornmehl, natürlich ganz frisch verarbeitet, ungleich wertvoller. Verantwortliche Stellen in vielen Ländern empfehlen heute ausdrücklich den Verzehr von Vollgetreide. Daß das volle Korn wesentlich mehr Wirkstoffe enthält und diese hauptsächlich in den Randschichten vorkommen, haben wir schon gehört. Vollkorn regt aber auch wichtige Verdauungs- und Stoffwechselvorgänge an, es macht schneller satt,

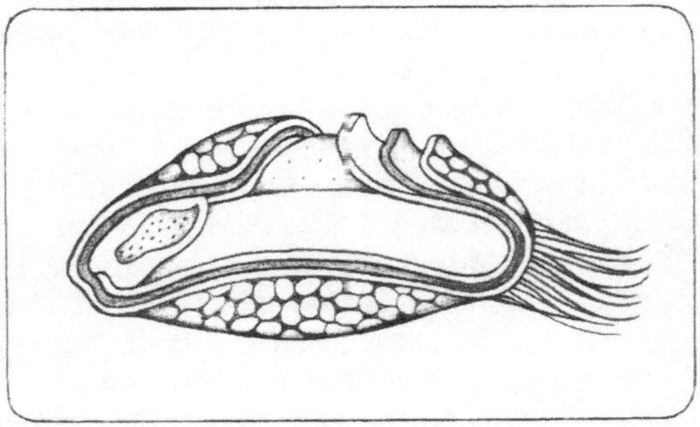

Querschnitt durch ein vollwertiges Weizenkorn. Die meisten Inhaltsstoffe befinden sich in den Randschichten und im fetthaltigen Keim (links).

und die Sättigung hält länger an. Die Verdauungsorgane werden so auf ganz natürliche Art weniger mit einseitigen und energiereichen Nährstoffen überfordert. Andererseits werden die Organe durch unverdauliche Ballaststoffe schonend »trainiert«. In den Empfehlungen der Deutschen Gesellschaft für Ernährung heißt es (laut Ernährungsbericht von 1984): Unsere Nahrung sollte mehr Ballaststoffe, mehr Kohlenhydrate in Form von Stärke, mehr Vollkornbrot,

Gemüse und Früchte, weniger Fett, weniger tierisches Eiweiß, weniger Kochsalz, weniger kleiefreies Brot, weniger Zucker und Süßigkeiten enthalten.
Besonders das selbstgebackene Vollkornbrot aus ganz frisch gemahlenen Körnern hilft, diese Forderungen zu erfüllen. Außerdem sättigt es angenehm, schnell und anhaltend, so daß man davon viel weniger ißt und vor allem essen kann als von vergleichbarem Brot aus Auszugsmehl. Dadurch wird automatisch viel weniger Fett und tierisches Eiweiß in Form von Brotaufstrich verzehrt, zumal das selbstgebackene Brot so gut schmeckt, daß man manchmal ganz auf Aufstrich verzichten mag. Auch der Appetit auf Zucker und Süßigkeiten geht bei einer Ernährung mit Vollgetreide zurück, und den Kochsalzgehalt des »Brotes aus eigenem Ofen« können Sie natürlich selbst bestimmen.
Die Bekömmlichkeit von Vollkornbrot haben Sie beim Selbstbacken weitgehend »in der Hand«: frisch feingemahlenes Korn für den Teig, gutes Durchbacken sowie richtiges Auskühlen und Ablagern des fertigen Brotes sind entscheidend. Backfermentbrote werden selbst von empfindlichen Menschen sehr gut vertragen. Für den gewerblichen Brothersteller bedeuten diese Faktoren Mehraufwand, und deshalb sind nur wenige der im Handel befindlichen Brote so gut und bekömmlich wie Ihr »Selbstgebackenes«. Bei der Hausbäckerei lassen sich aber viele kleine Tricks problemlos verwirklichen, die ich Ihnen in den folgenden Abschnitten aus meiner eigenen Backpraxis vermitteln will. Als Ergebnis wird Ihr selbstgebackenes Brot allererste Qualität sein, und Ihre Gesundheit wird es Ihnen danken.

Brottypen und ihre Besonderheiten

Vier verschiedene Brottypen haben sich in der Hausbäckerei bewährt und durchgesetzt: Hefebrot, Backfermentbrot, Sauerteigbrot und Flachbrot.

Hefebrot

Hefebrote sind »helle« Brote, die hauptsächlich aus Weizen oder Dinkel (siehe Seite 96) bestehen, und wer schon Erfahrung mit Hefekuchen hat, der kann auch Brot backen. Hefebrote schmecken am besten frisch oder wieder aufgebacken; man kann sie auch in Scheiben schneiden und toasten.
Das Backen von Hefeteig erfordert Aufmerksamkeit; wachsende Erfahrung kommt dem Ergebnis zugute. Doch können Hefebrote auch bei ungeübten Hausbäckern und -bäckerinnen neben den Flachbroten (siehe Seite 9) am Anfang der eigenen Backpraxis stehen, denn kompliziert sind sie nicht.
Weizen und Dinkel enthalten reichlich Gluten oder Klebereiweiß, das zusammen mit Hefe und durch intensives Kneten eine schnelle und vorzügliche Teiglockerung bewirkt. Die schnelle Gärung schließt die Wertstoffe des Kornes zwar nicht ganz so gut von »innen« auf wie die langsame 3-Stufen-Gärung bei Backferment- und Sauerteigbroten, liefert dafür aber reichlich zusätzliche Vitamine der Hefe.
Für Hefeteige aus Weizen oder Dinkel gilt: Je länger und gründlicher geknetet wird und je kleberreicher der Weizen oder der Dinkel ist, desto lockerer wird das Brot. Eine Küchenmaschine oder ein elektrisches Handrührgerät können das aber genauso gut wie fleißige Hände und kräftige Arme (siehe Seite 22). Die vielbeschwo-

rene Handwärme, die beim Kneten für zusätzliche Wärme sorgen soll, ist bei Verwendung der heute üblichen triebkräftigen Backhefen nicht unbedingt vonnöten.
Der Arbeitsplatz sollte möglichst warm und zugfrei sein, die Zutaten zimmerwarm, die Flüssigkeit lauwarm (mindestens 30°), denn nur in warmer Umgebung können sich die Hefepilze reichlich und schnell vermehren. Die Flüssigkeit darf allerdings nicht heiß sein, sonst sterben die Hefepilze ab und das Brot geht nicht auf.
Moderne Backhefe kommt, wenn sie frisch genug ist, jedoch auch ohne viel Umgebungswärme aus, wenn nur die Zutaten warm sind, die Küche aber kühl ist. Der Teig braucht dann etwas längere Zeiten zum Gehen.

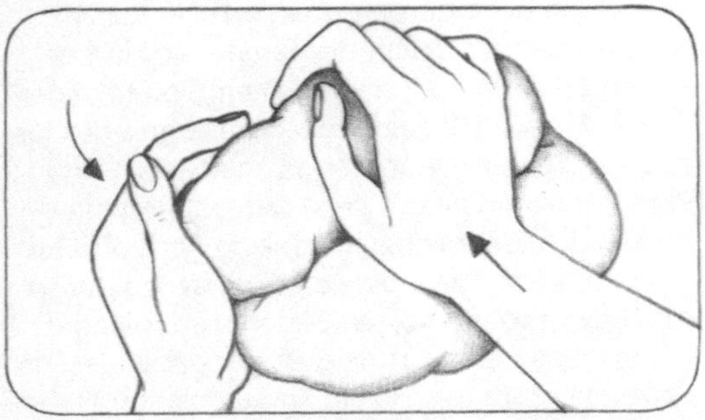

Beim Kneten wird der Teigballen auf bemehltem Brett mit einer Hand weggedrückt und mit der anderen zurückgeholt. Auch die Hände bemehlen.

Weizen- und Dinkelbrote backt man am besten in handelsüblichen Kastenformen für Kuchen (Königskuchenformen).
Hefebrot, das hauptsächlich aus Weizen besteht, wird im Gegensatz zu Backferment- und Sauerteigbroten in kleineren Formen bei starker Hitze gebacken. Der Teig muß während der schnellen Gärung von etwa 50 Minuten gut beobachtet werden. Es ist wichtig, daß er im »richtigen Moment« in den heißen Ofen kommt.

Hefebrot schmeckt am besten frisch und ist nicht sehr lange haltbar (Vollkornhefebrot hält sich allerdings länger als vergleichbares Brot aus Auszugsmehl). Wenn es älter ist, kann man es ein paar Minuten bei starker Hitze »aufbakken« oder in Scheiben geschnitten toasten, damit es wieder wie frisch schmeckt.

Backferment- und Sauerteigbrot

Keine Angst vor Backferment- oder Sauerteigbroten! Beide werden ähnlich hergestellt, und es geht so einfach, daß diese Brote auch Backanfängern leicht gelingen.
Backferment und Sauerteig haben sich als Teiglockerungsmittel für Brote mit Roggen bestens bewährt. Roggen, Hafer und Gerste enthalten nur wenig Klebereiweiß (Gluten) und können daher mit Hefe kaum zu einem bekömmlichen, lockeren Brot verarbeitet werden. Buchweizen, Hirse, Mais und Reis enthalten gar keinen Kleber und eignen sich überhaupt nicht für Hefebrote. Da aber alle diese Körner spezifische Wirkstoffe enthalten und nur mit viel Abwechslung - auch bei den Körnern - eine ausgewogene und gesunde Ernährung sichergestellt ist, möchten wir auch aus diesen Körnern gutes Brot herstellen und können daher auf Backferment- und Sauerteigbrote kaum verzichten.
Backferment und Sauerteig sind natürliche Teigtriebmittel, die Brotteige mit Roggen und anderen kleberarmen Getreidearten hervorragend lockern. Das Brot wird sehr bekömmlich und besonders aromatisch, da durch die langsame Fermentierung in mindestens 38 Stunden die Bestandteile des Korns gut »aufgeschlossen«, das heißt leichter verdaulich gemacht werden. Während des langen Gärprozesses kann das Mehl viel stärker quellen als zum Beispiel bei einem Hefeteig. Das merkt man am aromatischen Geschmack.

Brot aus dem eigenen Ofen

Backferment- und Sauerteigbrote lohnen die kleine Extra-Mühe der längeren Gärzeiten, die im Haushalt kaum ins Gewicht fällt, im Laden jedoch ihren Preis hat.
Teige aus Roggen, die mit Backferment oder Sauerteig gelockert werden, danken das intensive Kneten nicht so deutlich wie Hefeteige aus Weizen oder Dinkel, da sie nur wenig Klebereiweiß enthalten. Die Teiglockerung wird mehr durch die Vermehrung der Hefen, Essig- und Milchsäurebakterien mit Hilfe von Wärme und in langen Gärzeiten bewirkt als durch intensives Kneten.
Backferment- oder Sauerteigbrot bäckt man in größeren Formen (Backformen, siehe Seite 12) bei schwächerer Hitze. Es sollte frühestens am nächsten Tag angeschnitten werden und bleibt bei richtiger Lagerung (siehe Seite 23) bis zu 14 Tagen haltbar und aromatisch.
Nach jahrelanger Backerfahrung mit Backferment- und Sauerteigbroten habe ich für Sie die Rezepte so einfach wie möglich ausprobiert und aufgeschrieben: Die Mehl- und Wassermengen sowie die Gärzeiten bleiben in allen Rezepten gleich, so daß Sie sie schnell »im Kopf« haben werden.

Vorteile von Backferment- und Sauerteigbroten:

- Backferment- und Sauerteigbrote sind viel länger haltbar als Hefebrote.
- Backferment- und Sauerteigbrote »krümeln« kaum, bleiben also »schnittfest«.
- Backferment- und Sauerteigbrote brauchen während der langen Gärung von etwa 2 Tagen nur wenig Aufmerksamkeit.
- Das genaue »timing« und das Gefühl für den richtigen Moment, das bei Hefebroten so wichtig ist, entfällt, denn:
- die Gärzeiten für den Vorteig können um einige Stunden überschritten werden – das Brot wird etwas saurer, gelingt aber genauso gut.
- der fertige Brotteig in der Form kann, nachdem er um ein Drittel größer geworden ist, auch erst Stunden später in den kalten oder warmen Ofen geschoben werden,

Backfermentbrote

Backfermentbrote schmecken besonders aromatisch und nicht säuerlich, wenn die Gärung nur so lange wie nötig dauerte. Sie sind lange haltbar und leicht verdaulich. Backferment lokkert den Teig durch natürliche Honiggärung.
In Backfermentbroten kann bis zu einem Viertel der Mehlmenge problemlos durch gemahlenen Hafer, Gerste, Buchweizen, Hirse, Mais oder Reis ausgetauscht werden.
Ein Nachteil bleibt beim Backfermentbrot: Es braucht wirklich viel Wärme für die Gärung, etwa 24–28°. In der Übergangszeit oder in kühlen Sommernächten reicht die Temperatur in der Küche oft nicht aus; dann sollten Sie entweder gleich längere Gärzeiten einkalkulieren oder für zusätzliche Wärme sorgen (siehe Seite 11).
Wird der Vorteig nach den vorgeschriebenen Zeiten nicht sehr schaumig (siehe Farbfoto Seite 18) oder der Brotteig nicht um mindestens ein Drittel größer, sollten Sie entweder länger gären lassen, den Brotteig länger gehen lassen oder aber mit etwas in Honig aufgelöster Hefe im Vorteig kurz vor der Teigbereitung »nachhelfen« (siehe Seite 58 Rezept für Backfermentbrot mit Hefe). Mir sind anfangs immer wieder einmal Backfermentbrote »sitzengeblieben«, weil die Geduld und die Einsicht fehlten, daß es wirklich nicht ohne viel Wärme geht. Die Brote schmecken zwar auch dann sehr aromatisch, aber wenn man einmal sehr lockeres Brot gewohnt ist, gibt man sich mit festerem nicht mehr zufrieden.

Sauerteigbrote

Sauerteigbrote schmecken erfrischend fein säuerlich, sind saftig und haltbar, aber nicht so

leicht verdaulich wie Backfermentbrote. Die Teiglockerung wird durch wilde Hefen, Milchsäure und Essigsäure bewirkt. Sauerteig eignet sich vor allem für Teige mit hohem bis mittlerem Roggenanteil.
Sauerteigextrakt oder flüssiger Sauerteig sind in jedem Reformhaus oder Naturkostladen preiswert zu haben und bestens als »Starter« für Natursauerteig geeignet. Damit ersparen Sie sich die Mühe und viel Geduld, die für das Herstellen von Natursauerteig nötig sind. Erfahrene Vollkornbäcker und -bäckerinnen mit genauen Backkenntnissen finden Angaben zur Herstellung von Natursauerteig ohne die genannten praktischen Hilfsmittel auf Seite 11.

Flachbrote

Flachbrote werden meist ohne Triebmittel gebacken und sind die einfachste, sozusagen die Urform von Brot. Drei Methoden haben sich bewährt:
1. Mehl, eventuell mit Salz und Gewürz, mit Flüssigkeit zu einem dickflüssigen Brei verrühren, quellen lassen, portionsweise mit einem Teigschaber auf ein gefettetes Backblech streichen,

Man kann den Teig direkt auf dem Blech ausrollen, am besten mit einer Teigrolle ohne Griffe, und dann in Stücke schneiden.

mehr trocknen als backen, bis die Fladen goldbraun und brüchig sind.
2. Mehl eventuell mit Salz und Gewürz mischen, Flüssigkeit mit etwas Fett aufkochen, die Mehlmischung damit überbrühen, quellen lassen, dünn ausrollen, in Stücke schneiden, goldbraun und brüchig backen,
3. Mehl, eventuell mit Salz und Gewürz, mit Flüssigkeit und Fett zu festem Teig (Knetteig) verarbeiten, quellen lassen, dünn ausrollen, in Stücke schneiden, goldbraun und brüchig backen.
Flachbrote können wie Knäckebrot in verschlossener Dose normalerweise lange aufbewahrt werden. Frisch schmecken sie jedoch am besten und in selbstgebackener Qualität sollte man sie nicht länger als 1–2 Wochen lagern, denn nach meiner Erfahrung schmecken sie danach nicht mehr einwandfrei.

Hefe, Backferment und Sauerteig

Lassen Sie sich von den kurzgefaßten Herstellerangaben auf Hefe- oder Sauerteigextraktpäckchen nicht irritieren. Auf dem geringen Platz können nicht alle Möglichkeiten aufgeführt werden. Wie Sie in der Praxis mit den Backhilfsmitteln beim Brotbacken arbeiten können, soll deshalb hier ausführlich beschrieben werden.

Hefe: Auf Preßhefewürfeln oder Trockenhefepäckchen steht oft »für 500 g Mehl«. Das ist nur ein Richtwert. Halten Sie sich bitte an die Angaben im jeweiligen Rezept. Zum Beispiel braucht fetthaltiger Teig manchmal mehr, Teig mit Honigzusatz manchmal weniger Hefe. Bei Verwendung von Trockenhefe nehmen Sie 2–3 Eßlöffel mehr Flüssigkeit zum Teig, siehe auch Seite 97.

Backferment: Der Hersteller des Backferments empfiehlt für den Vorteig 1 Teelöffel Backfermentpulver und 1 Eßlöffel »Grundansatz«, eine

Art konzentrierter flüssiger Vorteig, der im Kühlschrank ein halbes Jahr haltbar ist. Man kann den Grundansatz selbst herstellen oder fertig kaufen. Wenn man aber nicht wöchentlich Backfermentbrote bäckt, verbraucht man den Grundansatz nicht in 6 Monaten, und es ist schade um die Geldausgabe oder die Mühe. Wenn man dem Vorteig aber etwas mehr Zeit läßt, als vom Hersteller empfohlen wird, dann funktioniert es genausogut und unkomplizierter nur mit Backfermentpulver, also ohne den sogenannten »Grundansatz«.

Sauerteig: Weniger Zeit als früher braucht Sauerteig, wenn Sie als »Starter« Sauerteigextrakt oder »flüssigen Sauerteig« nehmen.
Anmerkung: Auf den Packungen wird empfohlen, sie zusammen mit Hefe wie für Hefebrot zu verwenden. Das ergibt jedoch lediglich ein »Sauerteigaroma«, keine echte Teigsäuerung. Nur in wenigen Rezepten dieses Buches wird Sauerteigextrakt beziehungsweise flüssiger Sauerteig in dieser Art verwendet.
Ohne Hilfsmittel braucht man für die Herstellung von Sauerteig 4 Tage sowie etwas Sorgfalt und Erfahrung (siehe Seite 11).

Vorteig mit Backferment
2 Tage vor dem Backen in einer großen Schüssel (eventuell aus Edelstahl, der die Wärme gut aufnimmt) Mehl mit Wasser, Backfermentpulver und Honig zu einem dünnen Brei verrühren, 24 Stunden warm stellen. Danach sieht der Vorteig wie heller lockerer Schaum aus. Am nächsten Tag noch einmal Mehl und Wasser dazurühren, 12 Stunden warm stellen. Danach muß der Vorteig wie eine brodelnde, zusammengefallene Masse aussehen und stark nach Brot riechen.

Vorteig mit Sauerteigextrakt (Sauerteig)
2 Tage vor dem Backen in einer großen Schüssel (eventuell aus Edelstahl, der die Wärme gut aufnimmt) Mehl mit Wasser und Sauerteigextrakt oder flüssigem Sauerteig zu einem dünnen Brei verrühren, 24 Stunden warm stellen. Danach sieht der Vorteig wie schwerer schmutziger Schaum aus. Am nächsten Tag noch einmal Mehl und Wasser dazurühren, 12 Stunden warm stellen. Danach muß der Vorteig sehr sauer riechen und wie zusammengefallener schmutziger Schaum aussehen. Schaut man am zweiten Tag zwischendurch in das Gärgefäß, kann man eine heftige Gärung beobachten, die etwas an brodelnd kochende Marmelade erinnert und sehr »hochschäumt«. Daher muß das Gefäß immer groß genug sein, damit nichts überläuft.
Normalerweise braucht also der Vorteig für Backferment- oder Sauerteigbrot 36 Stunden. Wenn Sie aber bald wieder backen wollen, und Geld sparen möchten, können Sie etwas vom fertigen Brotteig beiseite legen und daraus innerhalb von etwa 18 Stunden neuen Vorteig machen. Das geht so:

Vorteig aus einem Rest Brotteig
Etwa 200 g frischen Brotteig von Backferment- oder Sauerteigbrot in einer großen Schüssel mit ½ l lauwarmem Wasser übergießen, 30 Minuten stehen lassen. Den Teig mit einem Holzlöffel etwas »zerstückeln«, weitere 30 Minuten stehenlassen. Dann mit einem Schneebesen verrühren. 250 g Mehl hinzufügen und verrühren.
12 Stunden warm stellen. Danach 250 g Mehl und ¼ l lauwarmes Wasser hinzufügen. Nach weiteren 6 Stunden ist der Vor- oder Sauerteig fertig, wenn er genügend Wärme hatte (siehe Seite 11), und der nächste Brotteig kann zubereitet werden.
Sie können den Brotteigrest von etwa 200 g auch kurzfristig einfrieren (bis zu 14 Tagen), dann gefroren in lauwarmem Wasser 1 Stunde

stehenlassen, mit einem Holzlöffel »zerstükken«, nach 1 weiteren Stunde mit dem Schneebesen verrühren und weiter verfahren wie oben.

Sauerteig ohne Starter

1. Tag: 200 g feingemahlenen Roggen mit ¼ l handwarmem Wasser und 2–3 Eßlöffeln Buttermilch in einem großen hohen Gefäß (am besten aus Steingut oder Ton) anrühren, mit einem Tuch zudecken.
2. Tag: 100 g feingemahlenen Roggen und ¼ l warmes Wasser dazurühren, zudecken.
3. Tag: 100 g feingemahlenen Roggen und ⅛ l warmes Wasser dazurühren, zudecken.
4. Tag: 100 g feingemahlenen Roggen und ⅛ l warmes Wasser dazurühren, zudecken.

Nun muß ein sehr sauer riechender, weicher Teig entstanden sein, oft von Essigfliegen umschwirrt. Während des Gärens war er zeitweise sehr »hochgeschäumt«, deshalb muß das Gefäß groß genug sein, denn es macht keinen Spaß, überlaufenden Sauerteig irgendwo zu entfernen.
Erfolgsgarantie kann für den selbstgemachten Sauerteig nicht übernommen werden, denn sicherer ist die in den Rezepten angegebene Methode mit Sauerteigextrakt oder flüssigem Sauerteig.

Tricks für mehr Wärme

Um dem Vorteig und dem Brotteig mehr Wärme zu verschaffen, können Sie die Schüssel oder Brotform in ein größeres Gefäß mit warmem Wasser stellen, Wasser von Zeit zu Zeit erneuern, oder den Backofen auf 50° vorheizen, ausschalten. Den Vorteig in der Edelstahlschüssel oder das Brot in der Form in den Ofen stellen, nach einigen Stunden wieder auf 50° heizen, wieder ausschalten, oder die Backofenlampe benutzen, die im Backofen eine gleichmäßige Temperatur von 26–28° hält.

Varianten für Backferment- und Sauerteigbrote

Backferment- und Sauerteigbrote sind sehr variabel und regen zu eigenen Rezepturen an. Wenn Sie einmal das Aussehen von fertigem Vorteig und die richtige Konsistenz von Brotteig im Kopf haben, können Sie ohne Rezept Brot backen:

- Sie können beim Teigzubereiten 650 oder 700 g feingemahlenes Getreide unter den Vorteig arbeiten (mit 650 g wird die Krume sehr saftig, mit 700 g feinporiger und etwas trockener) oder von Hand so viel Mehl unter den Teig kneten, wie dieser aufnimmt. So können Sie das Brot auch zum »Laib« formen und auf dem Blech backen. Der Brotteig muß dann mindestens 1 Stunde länger gehen, damit er um etwa ein Drittel größer werden kann. Dieses trockene Brot kann schon am selben Tag angeschnitten werden, muß aber auch schneller verbraucht werden, da es nach 3–4 Tagen zu trocken schmeckt.
- Immer wieder einen neuen Geschmack und eine andere Konsistenz bekommt das Brot, wenn Sie statt feinem Vollkornmehl feinen, mittelfeinen, mittelgroben oder groben Schrot verwenden. Je gröber der Schrot ist, desto länger muß der Teig gehen.
- Wenn Sie Backfermentbrot etwas säuerlich mögen, lassen Sie den Vorteig länger gären und/oder den Brotteig einige Stunden länger gehen.
- Sie können den Teig oder einen Teil davon auch in Fladenform ½–1 cm dick auf das Backblech streichen und in etwa der halben Backzeit knusprig braun backen. Solche Fladen schmekken besonders aromatisch und sind zum Sofortessen geeignet.

Geräte für die Vollkornbäckerei

Arbeitsfläche/Backbrett: Ideal ist eine Arbeitsfläche oder ein großes Backbrett aus unbehandeltem Holz (solche Backbretter gibt es in guten Haushaltswarengeschäften). Auf rohem Holz läßt sich Teig am besten kneten, ausrollen oder formen, auch Körner kann man dort am besten verlesen. Sonst eignen sich auch die üblichen Küchenarbeitsplatten mit Beschichtung aus nicht ganz glattem Kunststoff.

Backformen: Welche Backformen Sie verwenden, richtet sich danach, wie groß ihr Backofen ist, ob Sie nur zum Vergnügen ab und zu ein Brot backen wollen oder ob Sie ernsthaft eine Familie mit Brot versorgen möchten, ob Sie auf Vorrat backen und einfrieren oder nur jeweils so viel, wie Sie für die nächsten Tage brauchen. Sie können alle im Haushalt vorhandenen Kastenformen verwenden; wenn Sie neue kaufen, dann möglichst aus Schwarzblech. Formen aus Schwarzblech nehmen die Backhitze besser auf, werden also heißer und sind daher für Brot besser geeignet als Formen aus hellem Blech oder Glasformen.
Für Backferment- und Sauerteigbrote eignen sich Brotformen (etwas breitere, längere, stabilere Kastenformen) am besten; in Haushaltswarengeschäften oder in Geschäften für Bäckereibedarf (Adresse im Branchentelefonbuch) erhältlich. Diese Brote kann man auch in Keramik-Brotformen, im Römertopf, in Bratentöpfen aus Gußeisen oder Leichtmetall backen. Wenn Sie keine Brotform haben, können Sie bei Rezepten für 1 Brotform auch 2 Brote in 2 Kastenkuchenformen backen; Backzeit etwa 1 Stunde.
Wenn Sie auf Vorrat backen und zum Beispiel einfrieren möchten, probieren Sie, wie viele Formen in Ihren Backofen nebeneinander passen (im Umluftherd können Sie Brot in zwei Etagen backen). Es muß noch mindestens 1 cm Abstand zwischen den Formen bleiben, damit die Hitze zirkulieren kann. Ergänzen Sie dann Ihren Vorrat an Backformen entsprechend.
Vollkorn-Hefebrote bleiben fast immer etwas »krümelig«. Daher sind kleinere Scheiben von Broten aus einer Kuchenform praktischer.

Backofen: Alle Backöfen sind zum Brotbacken geeignet, auch Backfächer in Kaminöfen, Kohleherden, Warmluftheizungen (siehe Seite 20). Bei Neuanschaffung wäre ein Backofen mit »Dampfstoß« interessant, aber teuer. Ein Heißluftherd (Umluftherd), in dem man auf mehreren Etagen backen kann, lohnt sich, wenn oft Brötchen und ähnliches auf Vorrat oder für Besuch gebacken werden sollen. Mit einer auf Maß geschnittenen Schamotteplatte (zu beziehen beim Ofensetzer) können Sie Ihren Backofen zu einem Steinbackofen »umbauen«. Es gibt sogar einen fertigen Schamotteeinsatz für Haushaltsbacköfen (siehe Seite 22); das in diesem Einsatz gebackene Brot schmeckt wie aus dem echten Steinbackofen.

Backofenleuchte: Die Backofenleuchte erwärmt Ihren Backofen auf etwa 26–28°, wenn die Temperatur zum Gären und Gehenlassen von Teig in der Küche nicht ausreicht (Bezugsquelle siehe Seite 104).

Backpinsel: Sie brauchen 1 mittelgroßen Backpinsel zum Bestreichen von Gebäck mit Milch oder Eigelb. Den Pinsel nach jedem Gebrauch mit heißem Wasser und Geschirrspülmittel reinigen, anschließend an der Luft gut trocknen lassen. 1 zweiter, größerer Backpinsel ist zum Ausfetten von Formen noch praktischer.

Backthermometer: Sie zeigen die genaue Temperatur im Backofen an. In Haushaltswarengeschäften oder im Fachhandel für Bäckereibedarf (Adresse im Branchentelefonbuch) erhältlich.

Backtuch: Ein sauberes Küchentuch aus Baumwolle oder Leinen wird zum Abdecken des Teiges und der rohen Gebäckstücke gebraucht.

Blumenspritze: Zur Verschönerung und Verbesserung der Kruste von Brot und Gebäck muß diese sofort nach dem Backen mit sauberem kaltem Wasser besprüht oder bepinselt werden. Eine Blumenspritze, die das Wasser fein zerstäubt und die nur für diesen Zweck verwendet wird, ist ideal für diesen Arbeitsgang (siehe unten).

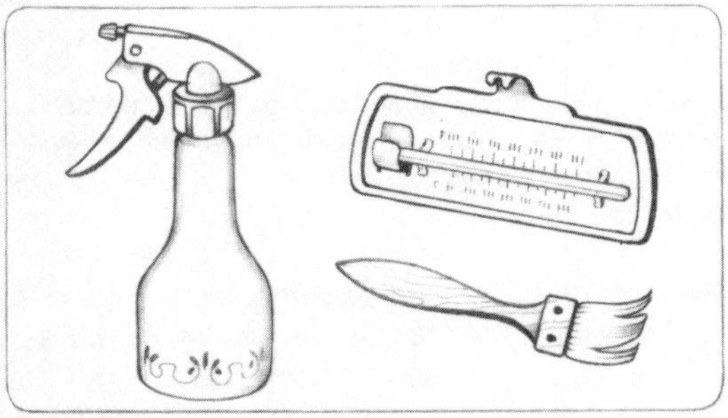

Nützliche Helfer für die Brotbäckerei sind eine Blumenspritze zum Besprühen, ein Pinsel zum Bestreichen und ein spezielles Backthermometer.

Briocheform: Spezielle Form für den weichen Teig des französischen Frühstücksgebäcks, als große Form oder als Portionsförmchen in Haushaltswarengeschäften erhältlich.

Brotform: Siehe Backformen.

Brotkörbchen: Längliche und runde Peddigrohrkörbchen, in denen man festen Brotteig gehen läßt. Kurz vor dem Backen wird das Brot aus dem Korb auf das Blech gestürzt (siehe Seite 75). Erhältlich in Haushaltswarengeschäften, Naturkostläden.

Gabel mit langen, schmalen Zinken: Diese ist besser geeignet zum Mischen von Ei oder Fett mit Mehl für Knetteig oder zum Einstechen von Flachbrot als manche Modelle aus dem Tafelbesteck.

Getreidemühle: Siehe Seite 15.

Handrührgerät, elektrisches: Zum Kneten von Hefe- und anderem Brotteig sollten Sie die Knethaken in der Regel bei höherer Geschwindigkeit benutzen (niedrige Geschwindigkeit wäre für den Brotteig richtiger, würde aber den Motor »quälen«). Bei Neuanschaffung auf die Motorleistung achten, je stärker, desto besser fürs Teigkneten geeignet. Vollkornteige sollen immer etwas feuchter sein als vergleichbare Weißmehlteige (das Gebäck wird sonst zu trokken), denn der Teig quillt noch nach dem Kneten, beim Gehenlassen und auch noch während des Backens. Für die relativ weichen Vollkornteige kann man deshalb das elektrische Handrührgerät (Knethaken) einsetzen, das bei einem festen Weißmehlteig streiken würde.
Allerdings hält ein Handrührgerät diese Schwerarbeit nicht ewig aus, die Lebensdauer wird auf jeden Fall verkürzt, wenn man häufig Brotteige knetet (Ausnahme: Brioche, Blitzbrote und Amerikanisches Maisbrot aus den Rezepten dieses Buches). Man kann den Motor etwas schonen, wenn man den Teig zunächst mit etwa drei Vierteln der Mehlmenge gründlich durchknetet und das restliche Mehl zum Schluß rasch darunterarbeitet (siehe auch Küchenmaschine, unten).

Holzlöffel: Wenn weder elektrisches Handrührgerät noch Küchenmaschine vorhanden sind, brauchen Sie einen sehr stabilen mittelgroßen Holzlöffel (und Muskelkraft!)

Kuchengitter: Es gibt verschiedene Formen im Haushaltswarengeschäft. Sie sollten beim Kauf darauf achten, daß das Gitter groß genug ist und ausreichend Zwischenraum zur Tischplatte läßt, damit das Gebäck genug Platz zum Auskühlen hat und der Dampf aus dem heißen Gebäck entweichen kann.

Küchenmaschine: Für Hefe- und andere Brotteige den oder die Knethaken benutzen. Bei Neuanschaffung auf starken Motor und gute Eignung für Hefeteig achten. Auch der Bäcker knetet den Teig nicht mehr von Hand, er benutzt dazu Knetmaschinen und, wie man weiß, mit besten Ergebnissen. Eine starke Haushalts-Küchenmaschine knetet am besten mit niedriger Geschwindigkeit (Herstellerempfehlung für Hefeteig beachten). Ähnlich arbeitet auch die große Maschine beim Bäcker und das entspricht am ehesten der Handarbeit beim Kneten. Wenn Sie die meist etwas klebrigen Vollkornteige in einer Küchenmaschine kneten, müssen Sie bei einigen Modellen ab und zu den Teig vom Schüsselrand wieder in die Schüsselmitte »schubsen«. Das geht am besten (bei abgeschalteter Maschine!) mit einem elastischen Teigschaber mit Stiel.

Küchenwaage: Beim Brotbacken brauchen Sie zum Abwiegen der Getreide- und Mehlmengen und anderer Zutaten eine genaue Waage. Meßbecher haben keine Angaben für Vollkornmehl, Schrot und so weiter.

Meßbecher: Ein genaues Hohlmaß mit Angaben von 50, 100, 150 ccm sowie ⅛, ¼ l und so weiter wird beim Backen unbedingt gebraucht. Es muß auch heiße Flüssigkeiten vertragen.

Peddigrohrkörbchen: Siehe Brotkörbchen.

Reibe-Mouli: Ein praktisches Gerät, das im »Handbetrieb« schnell und problemlos kleine Mengen von Nüssen, Mandeln und ähnliches für entsprechende Brotteige zerkleinert.

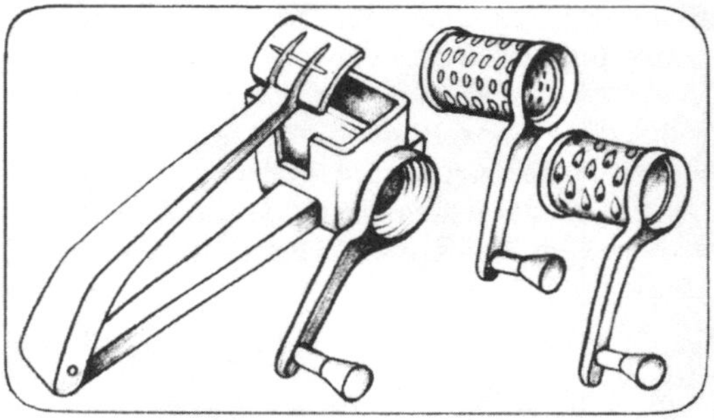

Mit dem praktischen Reibe-Mouli geht das Zerkleinern von Nüssen, Käse und anderen Zutaten wirklich im Handumdrehen. Es gibt verschiedene Einsätze dazu.

Römertopf: Als Brotbackform geeignet, vor allem, wenn weniger Kruste gewünscht wird. Zuvor wie üblich wässern, vor dem Backen gut einfetten und immer in den kalten Backofen schieben.

Rollholz: Siehe Teigrolle.

Teigrädchen: Aus Holz oder Metall zum Ausrädeln von Teigstücken (zum Beispiel für Flachbrot); im Haushaltswarengeschäft erhältlich.

Teigrolle: Zum Ausrollen für Hefeteige und Flachbrotteige am besten aus unbehandeltem Holz, im Haushaltswarengeschäft erhältlich.

Teigschaber: Schaber aus Plastik oder Gummi, mit und ohne Stiel (in Haushaltswarengeschäften erhältlich) werden gebraucht, um schwere Teige (zum Beispiel Backferment- und Sauerteige) aus der Rührschüssel zu nehmen und in der

Backform glattzustreichen, um Teig für Fladenbrote auf das Blech zu streichen.

Teigschüsseln: Für Küchenmaschinen können nur die zum jeweiligen Modell passenden Schüsseln verwendet werden. Wenn Sie auf Vorrat backen möchten, müssen Sie eventuell mehrere Schüsseln zu Ihrer Maschine anschaffen, um zum Beispiel Backferment- und Sauerteige »parallel« zu bearbeiten. Für das elektrische Handrührgerät können außer den zum Modell passenden beliebige größere Teigschüsseln verwendet werden, in denen man mit den Knethaken bequem »herumfahren« kann. Teigschüsseln aus Edelstahl sind empfehlenswert, da sie beim Gehenlassen des Teiges die Wärme gut aufnehmen. Teigschüsseln aus Kunststoff nicht zum Gären von Vorteig (Backferment- oder Sauerteig) verwenden!

Toaster: Die Toastbrote aus diesem Kochbuch schmecken nur in Scheiben geschnitten und getoastet. Wenn kein Toaster vorhanden ist, können Sie die Scheiben auch in einer trockenen oder leicht gefetteten schweren Pfanne beidseitig rösten.

Waage: Siehe Küchenwaage.

Wissenswertes über Getreidemühlen

Der Elektrofachhandel, Reformhäuser und Naturkostläden bieten eine reiche Auswahl an Haushaltsgetreidemühlen an. Es gibt inzwischen so viele verschiedene Mühlentypen, daß jeder für seinen persönlichen Bedarf und Geldbeutel die passende Mühle finden kann. Die meisten Mühlen sind heute technisch ausgereift. Ob das Mahlwerk aus Stein, Edelstahl oder spezieller Keramik besteht, spielt nur für das Mahlergebnis, nicht aber für die Erhaltung der Wertstoffe des Kornes eine Rolle. Der Vorteil aller Haushaltsgetreidemühlen liegt darin, daß sie jederzeit ganz frisch gemahlenes Vollkornmehl oder -schrot liefern. Sofort verarbeitet oder verbacken, gehen dem Mahlgut praktisch keine Nährstoffe und Vitamine verloren und auch der köstliche nußartige Geschmack bleibt erhalten. Bei der Vielzahl der Hersteller und Modelle setzt das Finden der »richtigen« Mühle allerdings Suchen voraus. Hier ein paar Tips, die Ihnen helfen sollen:

1. Suchen Sie sich möglichst ein Geschäft, das mehrere Mühlen anbietet oder Prospekte und Informationen über andere nicht vorrätige Mühlen bereithält. Ideal ist es, wenn das Mahlen von Getreide vorgeführt wird. So können Sie die Mehlqualität gleich beurteilen und das Mahlgeräusch hören (leider mahlen die meisten Mühlen ziemlich laut). Wenn das Mahlen nicht direkt vorgeführt werden kann, sollten wenigstens »Mahlproben« zur Verfügung stehen: Sie zeigen meist das feinste Mehl, das die jeweilige Mühle mahlen kann. Über die »Mahlleistung« pro Minute gibt der Herstellerprospekt Auskunft. Ein Vorteil für den Käufer ist es natürlich, wenn der

Getreidemühlen gibt es heute für jeden Bedarf und Geldbeutel. Sie sollten sich vor dem Kauf im Fachhandel gründlich informieren.

Verkäufer eigene Erfahrungen mit der Lebensdauer, den Mahlleistungen sowie den Vor- und Nachteilen der verschiedenen Mühlen gemacht hat.

2. Achten Sie darauf, daß Ihre Mühle auch feines Mehl mahlt. Für Brot reicht zwar in der Regel auch etwas gröberes Mehl. Das Vollkornbrot aus eigenem Ofen weckt aber bestimmt bald Wünsche nach feinerem Gebäck wie Vollkornkuchen, Croissants oder Brioches oder auch zum Beispiel nach hausgemachten Vollkornspätzle. Für solche Spezialitäten wird sehr feines Mehl gebraucht. Einige Mühlen mahlen kein ganz feines Mehl. Notfalls kann man aber für feinere Backwaren die Kleie aussieben (siehe Tip Seite 86).

3. Suchen Sie die passende Mühle für Ihren persönlichen Bedarf. Die Mahlleistung ist entscheidend, aber auch der Platz, den sie in Ihrer Küche benötigt. Eine Getreidemühle wird nur voll genützt, wenn sie jederzeit sofort betriebsbereit ist. Wenn regelmäßig Brot und Gebäck für mehr als 1–2 Personen oder auf Vorrat gebacken, also mehr als 1–1½ kg feines Mehl auf einmal gemahlen werden soll, ist eine große Getreidemühle die solide Dauerlösung. Die Anschaffungspreise für die »Großen« beginnen bei etwas über 500 Mark. Solche Getreidemühlen mahlen die Körner zwischen zwei flachen Natursteinen oder gegossenen Steinen aus natürlichem Material. Das entspricht der jahrtausendealten Methode. Es entstehen dabei auf der feinsten Mahlstufe ein sehr feines, flockiges, weiches Mehl oder stufenlos verstellbar alle Arten von Schrot, mittelfein, mittelgrob oder grob.

Wer regelmäßig Brot und Gebäck für einen Kleinhaushalt (1–2 Personen) oder nur sehr unregelmäßig für einen größeren Haushalt herstellen will, der ist mit einer der mittelgroßen Getreidemühlen mit Edelstahl- oder Keramikmahlwerk sehr gut bedient. Auch als »Übergangslösung« für »Einsteiger« sind diese preiswerteren Mühlen gut geeignet. Wenn die Brotproduktion dann einmal richtig läuft und eine große Mühle angeschafft wird, ist die mittelgroße Mühle als »Zweitmühle« meist ganz willkommen, zum Beispiel auf Reisen (manche kann man zur Handmühle umbauen) oder um Mohn oder Sesam zu mahlen, denn das können die meisten großen Mühlen nicht.

Solche Mühlen gibt es in vielen Ausführungen, komplett mit Motor oder auch als »Vorsatz« für mittlere und große Küchenmaschinen (nicht aber für elektrische Handrührgeräte). Falls Sie bereits eine Küchenmaschine besitzen, erkundigen Sie sich, ob nicht auch ein »Mahlvorsatz«

Getreidearten der Vollkornbäckerei: 1 Naturreis Rundkorn, 2 Naturreis Langkorn, 3 Hirse, 4 Mais, 5 Gerste, 6 Buchweizen, 7 Weizen, 8 Hafer, 9 Dinkel, 10 Roggen.

für Ihr Modell erhältlich ist. Für komplette mittelgroße Getreidemühlen (mit Motor) sind oft noch Zusatzgeräte wie Reib- und Schnitzelwerk oder Nußmühle erhältlich.
Eine »Kompromißlösung« sind mittelgroße Getreidemühlen mit Steinmahlwerk. Sie haben eine viel kleinere Mahlfläche als die großen Mühlen mit Mahlsteinen und wurden geschaffen, weil es lange Zeit Vorurteile gegen Mahlwerke aus Edelstahl gab: Man glaubte, die Körner würden im Stahlmahlwerk zu heiß und dabei gingen wertvolle Inhaltsstoffe verloren und es gäbe einen geringen »Abrieb« vom Material des Mahlwerkes. Beide Vorurteile sind völlig unbegründet. Mittelgroße Getreidemühlen mit Steinmahlwerk haben eine geringere Mahlleistung pro Minute, sind meist störungsanfälliger und haben eine geringere Lebensdauer als vergleichbare Mühlen mit Edelstahl- oder Keramikmahlwerk.
Kleine Getreidemühlen mit einem Anschaffungspreis unter 100 Mark eignen sich nur für 1–2 Personen, wenn lediglich Getreide fürs Müsli oder zum Kochen gemahlen werden soll. Getreide für Brot oder Gebäck damit zu mahlen, wäre viel zu mühsam.

◁ Für das Leinsamenbrot (von links nach rechts) wird die Roggenmehl-Backferment-Mischung mit Honig und Wasser verrührt. Die 1. Stufe des Vorteiges ist gegoren. Die Leinsamen werden mit heißem Wasser vorgequollen. Das Weizenmehl wird zur 2. Stufe des Vorteiges gegeben. Der Teig wird in die Form gefüllt. Beim Anschneiden sieht man die lockere Krume. Rezept Seite 31.

Getreidemühlen zum Brotbacken auf einen Blick

Große Getreidemühlen

Anschaffungspreis über 500 Mark.
Form: sehr verschiedene Formen und Größen, Gehäuse aus Metall, Holz oder Kunststoff.
Mahlsystem: Meist zwei größere Mahlsteine aus Naturstein oder gegossenen Steinen aus Naturmaterial, zwischen denen die Körner »zerrieben« werden.
Mahlergebnis: Sehr feines, flockiges, weiches Mehl und alle Feinheitsstufen von Schrot.
Mahlleistung: Meist etwas höher pro Minute als bei mittelgroßen Mühlen; für größere Mehlmengen und Dauerbelastung geeignet.
Mahlgut: Alle Getreide (ganze Maiskörner jedoch nur bei wenigen Modellen), meist auch Leinsamen und Gewürze.

Mittelgroße Getreidemühlen

Anschaffungspreis etwa 140 bis 300 Mark.
Form: Meist ähnlich einem elektrischen Fleischwolf, Metall- oder Kunststoffgehäuse.
Mahlsystem: Stahl- oder Keramikkegelmahlwerk, kleines Steinmahlwerk, die Körner werden mittels einer »Schnecke« (wie beim Fleischwolf) zum Mahlwerk befördert und dort mehr »zerschnitten« als zerrieben.
Mahlergebnis: Meist feines, etwas grießartiges Mehl und alle Feinheitsstufen von Schrot; einige Mühlen mahlen kein ganz feines Mehl.
Mahlleistung: Leistung pro Minute aus Herstellerprospekt ersichtlich, meist geeignet für 1–1½ kg Mehl pro Mahlvorgang = ausreichend für Brot und Gebäck im Kleinhaushalt oder für »Einsteiger«.
Mahlgut: Alle Getreide außer Maiskörnern, Hafer in Mischung mit anderen härteren Körnern oder tiefgefroren, meist Ölfrüchte wie Leinsamen, Mohn und Sesam, getrocknete Gewürze, manchmal trockenes Brot für Paniermehl.

Backtips von A bis Z

Backen in Formen bietet mehr Sicherheit, denn hier kann das Brot nicht »davonlaufen«; wenn der Teig zu feucht ist oder zu lange gegangen ist, sinkt das Brot nur in der Mitte etwas ein. Die Teigkonsistenz kann zwischen sehr weich und fest schwanken, in der Form wird daraus entweder ein saftiges oder ein leicht trockenes Brot. Vollkornteig mit Backferment oder Sauerteig (aus Roggen) sollte möglichst immer so weich sein, daß er sich nicht zum »Laib« formen läßt. Die meisten Weizen-Hefeteige lassen sich dagegen von Hand formen, müssen aber sorgfältig beobachtet werden, damit sie nicht zu früh (zu festes Brot) oder zu spät (breitgelaufenes Brot) in den Backofen kommen. Auf diese Weise gebacken schmeckt das Brot länger saftig und frisch.

Backen in Kaminöfen, Kohleherden, Kachelgrundöfen: Mit etwas Gefühl kann man in solchen Öfen die schönsten Brote backen: wenn stark geheizt wird, Hefebrote und -brötchen mit relativ kurzer Backzeit; wenn normal bis schwach geheizt wird, Backferment- oder Sauerteigbrote in Formen. Je nach Temperatur können Backferment- oder Sauerteigbrote 3–8 Stunden Backzeit brauchen. Ob sie gar sind, sieht man genauso wie beim normalen Backofen am besten an der braunen Kruste und dem Abstand der Kruste von etwa 2 mm vom inneren Formrand.
Sind Sie bei solchen Öfen mit schwankenden Temperaturen nicht sicher, ob das Brot gar ist, nehmen Sie es vorsichtig aus der Form (mit Topflappen) und beklopfen die Unterseite des Brotes mit den Fingerknöcheln: Klingt es hohl, ist das Brot gar, sonst eventuell ohne Form fertigbacken.
Besteht der Boden solcher Backfächer oder Backöfen aus Schamotteplatten (siehe Seite 22), kann man, wenn diese sehr heiß sind, direkt darauf backen: Mit feuchtem Tuch abwischen, kleine Hefebrote oder -brötchen daraufsetzen, backen, bis die Stücke unten eine dicke Kruste haben und hellbraun sind. Aufpassen, daß die Kruste nicht verbrennt.

Backtemperatur: Leider stimmen die für den Herd angegebenen Temperaturen oft nicht genau, sind sogar bei gleichen Modellen unterschiedlich. Wer sicher kontrollieren möchte, benutzt ein Backthermometer (siehe Seite 12). Mit etwas Erfahrung lernen Sie die Brotbackqualitäten Ihres Backofens aber auch so sehr gut kennen.
Faustregel: Hohe und höchste Temperatur für Gebäck und Brot aus Weizen- oder Dinkel-Hefeteig, mittlere bis niedrige Temperatur für Brot in Formen aus Backferment- oder Sauerteig.

Backzeit: Alle angegebenen Backzeiten in den Rezepten dieses Buches sind nur »Richtwerte«. Leider backen die verschiedenen Backöfen so unterschiedlich, daß die angegebenen Zeiten bei Hefegebäck um ±5–10 Minuten schwanken können, bei Hefebrot um ±10–15 Minuten und bei Backferment- und Sauerteigbroten sogar um ± 30 Minuten.
Die beste Methode, ein fertiges Brot zu erkennen, ist der »geschulte Blick«. Nach zwei- bis dreimal Brotbacken wissen Sie, wie ein fertiges Brot in Ihrem Backofen aussieht (siehe auch Farbfotos Seite 18 und 36). Dabei hilft der intensive Duft nach Brot und Kruste (»wie beim Bäker«) und vor allem der deutliche »Abstand«, den das fertige Brot im Ofen vom inneren Rand der Backform hat, 1–2 mm, je nachdem, ob die Backform sehr heiß wurde (Schwarzblech, Gußeisen) oder weniger heiß (helles Blech, Glas).
Fertiges Brot sieht so aus wie die Blumenerde in einem Topf, den man längere Zeit vergessen hat, zu gießen.

Brot aus dem eigenen Ofen

Besprühen: Brot und Gebäck sollte immer, sofort, wenn es aus dem Ofen kommt, mit kaltem Wasser besprüht oder mit einem breiten Backpinsel, der in kaltes Wasser getaucht wurde, bestrichen werden. Es erhält dadurch sofort eine »goldige« Farbe. Kurzgebackenes Brot bekommt eine knusprigere, langsam gebackenes eine etwas weichere Kruste, sie wird durch das Besprühen oder Bestreichen oft erst »schneidbar«. Früher gab es dafür beim Bürstenmacher einen »Brotbesen«, einen sehr dicken Pinsel. Für Vollkornbrote mit der etwas rauheren Oberfläche und/oder mit Leinsamen, Sesam, Kümmel und so weiter bestreut ist das Besprühen mit einer Blumenspritze (siehe Seite 13), hygienischer und praktischer.

Dampf: Hefebrote und -brötchen gehen noch schöner und höher auf, wenn sie zu Beginn der Backzeit einen »Dampfstoß« bekommen. Leider bieten nur wenige Backöfen diesen Komfort. Bei den meisten Modellen ist man eher etwas frustriert, wenn man mit einer Blumenspritze schnell Wasser auf die Seitenwände des Backofens sprüht und der Dampf dann durch die dafür vorgesehenen Schlitze sofort wieder entweicht. Auch ein auf den Boden des Backofens gestelltes kleines Metallgefäß mit kochend heißem Wasser ändert nicht viel daran, daß unter Haushaltsbedingungen nicht viel »Dampf gemacht« werden kann. Etwas nützt es aber doch. Besonders bei Brötchen, die schön aufgehen sollen, sollten Sie eine der Methoden versuchen.

Fetten von Backformen und Backblechen: In die Form ein Butterflöckchen geben, die Form kurz warm stellen (Herdplatte, Heizung), dann mit einem Backpinsel, der immer wieder in das flüssige Fett getaucht wird, ausstreichen. Für das Backblech reicht es, leeres Papier oder Folie von Butter im Kühlschrank aufzubewahren und bei Bedarf mit der fettigen Seite ein paarmal über das Blech zu streichen, dabei andrükken.

Formen von Teig geschieht auf Mehl mit bemehlten Händen, ohne Mehl auf einem Backbrett aus Holz oder mit nassen Händen zwischen den Handinnenflächen, zum Beispiel wenn man ihn zu Kugeln drehen oder auf einer Arbeitsfläche mit den Handinnenflächen zu Rollen formen will. Wie und womit geformt wird, ist im jeweiligen Rezept genau angegeben.

Gehenlassen von Hefeteig: Hefeteig muß in den meisten Rezepten dreimal gehen: 1. der Vorteig, 2. der fertige Teig, 3. das geformte Gebäck. Vor jeder Weiterarbeit muß der Teig immer um etwa ein Drittel größer geworden sein, während des Gehens muß er immer mit einem sauberen Baumwoll- oder Leinentuch (Küchentuch) zugedeckt werden, sonst kann es harte Stellen im Gebäck oder unschön gerissene Krusten geben. Doppelt so groß und noch größer wird das Gebäck dann im heißen Backofen. Bei ungenügender Wärme in der Küche müssen Sie Geduld haben, warten, bis der Teig richtig gegangen ist, dann erst weiter bearbeiten.

Gehenlassen unterbrechen: Wenn Sie gestört werden oder für längere Zeit (bis zu ein paar Stunden) unterbrechen müssen, den Hefeteig dann, egal wie er aussieht, nochmals gründlich durchkneten, auch mehrmals, wenn zwischendurch immer wieder Zeit dafür ist, formen oder in Formen füllen, erneut kurze Zeit gehen lassen, backen. Die Krume bekommt dadurch eine fast noch bessere Struktur.

Gehenlassen von Brotteig aus Backferment- oder Sauerteig-Vorteig: Der fertige, in Formen gefüllte Brotteig braucht nur einmal zu gehen, benötigt dafür aber 1–2 Stunden, zugedeckt.

Glutengehalt oder Gehalt von Klebereiweiß im Weizen: Wenn Sie Brotgetreide (Weizen) in größeren Mengen kaufen, zum Beispiel beim Bauern oder in der Mühle, lohnt es sich eventuell, mit einer kleinen Menge »probezubacken«, um zu prüfen, wie locker das Gebäck wird. Winterweizen soll kleberreicher als Sommerweizen sein. Die Fachleute, bei denen Sie kaufen, können Sie dazu auch beraten. Die kleberärmeren Weizensorten nehmen Sie dann besser zum Kochen.

Kneten: Vollkornteige eignen sich nicht so gut zum Kneten von Hand (siehe Teigkonsistenz, Seite 23, und Varianten von Backferment- und Sauerteigbroten, Seite 11). Zum Kneten haben sich die Knethaken einer starken elektrischen Küchenmaschine am besten bewährt, die ähnlich wie die Knetmaschine des Bäckers arbeiten (siehe Seite 14) oder auch die Knethaken eines elektrischen Handrührgerätes (siehe Seite 13).

Krume nennt man das Innere von Brot oder Brötchen. Sie ist bekömmlicher, wenn sie gut durchgebacken wird. Ist die Krume »speckig«, feucht oder »sitzengeblieben«, wurde der Teig nicht ausreichend gesäuert oder gegoren (besonders bei Backferment- oder Sauerteigbroten), das heißt, es wurde nicht gewartet, bis der Vorteig jeweils deutlich gegoren war. Ist die Krume sehr großporig, wurde der Teig nicht ausreichend geknetet oder das Mehl war zu grob.

Kruste: Mehr oder dickere Kruste bekommt das Brot in dunklen Backformen und/oder bei längerer Backzeit, weniger Kruste im Römertopf oder einer Glasform und bei kürzerer Backzeit. Nicht jedem schmeckt oder bekommt eine dikke dunkle Kruste, daher sollten Sie Form und Backzeit auf die jeweiligen Wünsche abstimmen. Die Kruste von Broten, die in Formen gebacken werden, wird weicher, wenn die Brote nach dem Herausnehmen etwa 10 Minuten in der Form bleiben und dann nur die Oberseite besprüht wird (siehe Seite 21). Wenn Sie das Brot länger in der Form lassen, dann »schwitzt« es zu sehr, das heißt, die Kruste kann dann ziemlich naß sein. Solches Brot würde rasch schimmeln und sollte nochmals 5–10 Minuten ohne Form gebacken werden; dann herausnehmen, wie üblich kurz mit kaltem Wasser besprühen und auf einem Kuchengitter auskühlen lassen.

Schamotteplatten: Sie können Ihren Backofen zum »Steinbackofen« umbauen, wenn Sie sich eine 2–3 cm dicke Platte aus Schamottestein – etwas kleiner als der Backofenboden – zuschneiden lassen (beim Ofensetzer oder einem Fachgeschäft für Schamottewaren). Legen Sie auf den Boden des Backofens einen stabilen Kuchenrost und darauf die Steinplatte. Sie brauchen dann auch etwas Gefühl für die richtige Backtemperatur, ähnlich wie beim Backen in Kaminöfen (siehe Seite 20). Die Backformen direkt auf den Stein stellen. Auf der Steinplatte selbst können Sie backen, wenn diese bereits durch Vorheizen sehr heiß geworden ist. (Wenn der Stein zu kühl ist, klebt das Gebäck an und kann nur mit Mühe und einem scharfen Messer gelöst werden. Den Stein dann in Wasser einweichen und anschließend gründlich reinigen.) Ist die Schamotteplatte ausreichend heiß, dann wie auf Seite 20 beschrieben darauf backen. Der Vorteil dieser Methode liegt hauptsächlich im vorzüglichen Geschmack der Brote. Alles wird sehr gut durchgebacken. Auch kann man Energie sparen, weil die Temperaturen etwas niedriger liegen dürfen und zum Beispiel bei größeren Broten der Backofen früher ausgeschaltet werden kann, denn der Stein bleibt noch lange warm.

Brot aus dem eigenen Ofen

Schiene, Schiebeleiste: Große Brote immer auf die untere, kleine Brote und Brötchen immer auf die mittlere Schiene in den Backofen schieben.

Schneiden von Brot: Helles Vollkornbrot und Vollkorntoast werden am besten mit scharfem Sägemesser (Brotmesser) in dicke Scheiben geschnitten. Dunkles Vollkornbrot kann man nach dem Ablagern auch mit der Brotmaschine und auch in dünnere Scheiben schneiden.

Teigkonsistenz: Sie sollte bei Vollkornteigen immer etwas weicher sein als bei vergleichbaren Weißmehlteigen. Der Vollkornteig quillt während des Gehens und während des Backens noch. Das Brot würde meist zu trocken werden, wenn der Teig bereits so trocken ist, daß er problemlos von Hand bearbeitet werden kann. Nur für Brötchen oder Gebäck, das ganz frisch gegessen werden soll, darf der Teig trockener sein.

Vorheizen: Hefebrote und -gebäck werden im allgemeinen schöner und gelingen sicherer, wenn sie in den vorgeheizten Ofen kommen. Um Energie zu sparen, kann das Vorheizen manchmal entfallen, zum Beispiel wenn der Backofen ohnehin 15 Minuten braucht, um auf die gewählte Temperatur zu kommen. Wenn nicht vorgeheizt wird, soll Hefegebäck auf keinen Fall mehr als ein Drittel größer geworden sein, wenn es in den Ofen kommt. Bei Backferment- und Sauerteigbroten kann auf das Vorheizen verzichtet werden. Da die Vorheizzeiten in den einzelnen Öfen aber sehr unterschiedlich sind, müssen Sie die Vorheizzeit Ihres Ofens in den Rezepten zur angegebenen Backzeit hinzurechnen.

Warmer Platz: Für Hefe-, Backferment- oder Sauerteige kann man im Sommer die Sonnenwärme ausnutzen; die Schüssel zugedeckt an einen zugfreien Platz stellen, in die Sonne oder in den Schatten, je nach Außentemperatur. Oder im Winter die Heizung zu Hilfe nehmen; eventuell die Schüssel oder Form durch einen Rost vor zu direkter Hitze »isolieren«, damit die Unterseite nicht »anbäckt«. Siehe auch Zimmertemperatur.

Zimmertemperatur: 20–22° sind notwendig für das Gehenlassen von Teig, zum Weichwerden von Butter. Bei höheren Temperaturen, zum Beispiel im Hochsommer bei 25–30° gehen Hefe- und andere Brotteige viel schneller, alles gelingt ohne besondere Aufmerksamkeit. Wenn Sie Ihre Küche also auch im Winter oder im Übergang etwas wärmer heizen können, während Sie Teig zubereiten, ist das nicht unbedingt Energieverschwendung.

Selbstgebackenes frisch halten

Zum Aufbewahren von Brot eignen sich alle sauberen Gefäße, in denen der Inhalt trocken bleibt und die noch etwas Luft hereinlassen. Brottrommeln aus Holz oder Blech mit Lüftungsschlitzen haben sich gut bewährt. In Gefäße aus Steingut oder Ton kann man das Brot mit der Schnittfläche nach unten hineinstellen und das Gefäß mit einem Tuch bedecken. Auch der Stoffsack aus dichtgewebtem Leinen bewährt sich ganz gut für Brote, die nur wenige Tage frisch gehalten werden können; er hat aber den Nachteil, daß er oft gewaschen werden muß. Manche empfehlen Plastikgefäße, die sehr dicht schließen. Darin bleibt Brot unter günstigen Bedingungen zwar lange haltbar, es bekommt jedoch oft eine weiche Kruste, und der Geschmack verändert sich etwas. Außerdem muß man sehr gut aufpassen, daß nichts schimmelt.

Brot aus dem eigenen Ofen

Plastiktüten und Kühlschrank sind ungeeignet. In Plastiktüten kann Brot »schwitzen« und an den feuchten Stellen kann sich anschließend rasch Schimmel bilden. Im Kühlschrank trocknet Brot sehr schnell aus.
Gut verschließbare Blechdosen eignen sich für trocken gebackene Flach- oder Knäckebrote. Sie müssen, bevor sie in die Dose kommen, sehr gut ausgekühlt sein, damit sich keine Restfeuchtigkeit in der Dose niederschlagen kann. Gleich, welches Gefäß Sie zum Aufbewahren verwenden, einmal wöchentlich sollten Sie es gründlich von Brotkrümeln befreien, mit heißem Essigwasser reinigen, um Schimmelbildung vorzubeugen, und gut austrocknen lassen, bevor wieder Brot hineingelegt wird.
Der Raum, in dem das Brot aufbewahrt wird, sollte ebenfalls trocken, gut gelüftet, weder zu kalt noch zu warm sein. Zimmertemperatur ist richtig. Normalerweise steht das Brot als wichtigstes Nahrungsmittel in der Küche. Suchen Sie ihm dort eine trockene, nicht die wärmste, aber auch nicht die kälteste Ecke. Wenn Waschmaschine oder Wäschetrockner in der Küche stehen oder beim Kochen oft viel Dampf entsteht, muß unbedingt häufig gelüftet werden. Sollte sich trotz aller Sorgfalt einmal Schimmel zeigen, dann ist guter Rat teuer. Denn zur Zeit sind sich die Experten nicht ganz einig, ob man wirklich wegen einer kleinen Schimmelstelle das ganze Brot wegwerfen muß (bei größerem Schimmelbefall muß man das selbstverständlich) oder ob es genügt, die Stelle großzügig herauszuschneiden, dann das restliche Brot noch trockener zu lagern und schnell zu verbrauchen. Es muß sich bei dem Schimmel nämlich nicht immer um das giftige Aflatoxin handeln. Außerdem gehört Brot zu den Nahrungsmitteln mit relativ geringem Wassergehalt, bei denen der unsichtbare Schimmel nicht so schnell um sich greift wie bei den flüssigen Nahrungsmitteln.

Unkompliziert ist das Aufbewahren von Brot im Gefriergerät. Viele betreiben das Brotbacken ganz rationell, legen ab und zu einen Backtag ein, an dem die Backofenhitze voll ausgenutzt wird, und frieren dann Brot für ein paar Wochen ein. Jahrelang habe ich das auch so gemacht und war sehr zufrieden mit dieser Methode. Für die Küchenmaschine habe ich mir vier Rührschüsseln aus Edelstahl angeschafft, um die Teige gleichzeitig bearbeiten zu können. Jetzt backe ich lieber frisch für eine Woche und vor allem im Winter backe ich Brot »nacheinander« im Backfach eines Kaminofens, der nur 1 Brot auf einmal schafft und dafür je nach Temperatur sogar manchmal einen Tag lang braucht.
Zum Einfrieren muß das Brot gut durchgebakken, also lieber etwas brauner gebacken sein. Am besten friert man es noch am Backtag ein, aber nicht bevor es gut ausgekühlt ist. Man kann Brot auch, in Scheiben geschnitten, in Portionen nach Bedarf einfrieren, dafür wird es aber am besten erst am folgenden Tag aufgeschnitten, weil es sonst zu stark krümelt.
Die gefrorenen Scheiben kann man einzeln entnehmen und schnell im Toaster auftauen, eventuell zweimal toasten. Brötchen und anderes kleines Hefegebäck können Sie noch gefroren für 15–20 Minuten in den kalten, auf 200° eingestellten Backofen schieben, sie schmecken dann fast wie frisch gebacken. Ganze Brote müssen je nach Größe erst 2–4 Stunden antauen, dann sollten Sie sie etwa 10 Minuten im heißen Backofen überbacken, damit sie wieder eine schöne Kruste bekommen. Brote und Brötchen sollten nicht länger als 6 Wochen im Gefriergerät lagern.

Brote für jeden Tag

Das tägliche Brot ist ein Symbol für ausreichende Ernährung. Damit es auch für gesunde Ernährung steht, muß es aus dem vollen Korn bestehen, schonend gebacken sein und abwechslungsreich auf den Tisch kommen. Abwechslung also auch in den Körnern: nicht nur Weizen und Roggen, die traditionellen Brotgetreide, sondern auch Hafer, Gerste, Dinkel, Hirse und Buchweizen. So erhalten Sie von allen wertvollen Inhaltsstoffen der verschiedenen Körner Ihren Teil. Selbstgebacken, möglichst auch aus selbst frisch gemahlenem Korn ist das tägliche Brot ein Hochgenuß, auf den Sie sich vor jeder Brotmahlzeit freuen können und der sich nachhaltig postitiv auf die Gesundheit auswirkt.

Ganz einfach

Helles Vollkornbrot

Zutaten für eine Kastenform von 26 cm Länge: 100 g Buchweizen · 500 g Weizen · 1 Würfel Hefe · 1 Eßl. flüssiger Honig · ¼ l lauwarme Milch · 2 Teel. Meersalz · 62,5 ccm lauwarmes Wasser
Für die Form: Butter
Bei 21 Scheiben pro Scheibe etwa 430 kJ/ 105 kcal
5 g Eiweiß · 3 g Fett · 21 g Kohlenhydrate · 3 g Ballaststoffe

Vorbereitungszeit: etwa 25 Minuten
Ruhezeit: etwa 45 Minuten
Backzeit: etwa 45 Minuten

• Den Buchweizen zu feinem Mehl mahlen. Die Hälfte des Weizens ebenfalls zu feinem Mehl, die andere Hälfte zu mittelfeinem Schrot mahlen, und die Mehlsorten mit dem Schrot in einer Rührschüssel mischen.
In die Mitte eine Mulde drücken, die Hefe hineinbröckeln und den Honig auf die Hefe geben. 1–2 Minuten warten, bis sich die Hefe aufgelöst hat.

• Die lauwarme Milch dazugießen und mit der Hefe und etwas Mehl vom Muldenrand zu einem dünnen Brei verrühren. Den Vorteig, mit einem Tuch bedeckt, etwa 15 Minuten an einem warmen Platz gehen lassen.

• Dann das Salz und das lauwarme Wasser hinzufügen und alles zu einem geschmeidigen Hefeteig verarbeiten, zuerst rühren, dann mit der Hand oder den Knethaken des elektrischen Handrührgerätes oder der Küchenmaschine kneten, bis alles Mehl von der Flüssigkeit aufgenommen worden ist. Den Teig zugedeckt 15-20 Minuten gehen lassen.

• Den Teig nochmals gründlich kneten. Sollte er zu fest sein, etwas Wasser dazugießen. Sollte er so weich sein, daß er sich nicht vom Schüsselrand löst, etwas Weizenvollkornmehl hinzufügen.

• Die Form einfetten. Den Teig zu einem Strang in der Länge der Form rollen, in die Form legen, etwas plattdrücken und wieder zugedeckt etwa 15 Minuten gehen lassen, bis sich das Volumen um etwa ein Drittel vergrößert hat.

• Inzwischen den Backofen auf 220° vorheizen. Die Form in den Backofen (Mitte) schieben und das Brot etwa 30 Minuten backen.

• Die Hitze auf 180° zurückschalten und das Brot in weiteren 15 Minuten goldbraun backen. Mit Umluft insgesamt 45 Minuten bei 190°.

• Das Brot 10 Minuten im ausgeschalteten Ofen stehenlassen, dann herausnehmen, weitere 10 Minuten in der Form abkühlen lassen, aus der Form nehmen, mit kaltem Wasser besprühen und auf einem Kuchengitter abkühlen lassen.

• Das helle Vollkornbrot bleibt etwa 2 Tage frisch und schmeckt am besten mit Butter und Marmelade oder Honig bestrichen oder mit Käse belegt. Wenn es älter als 2 Tage wird, schmeckt es in Scheiben getoastet wieder frisch.

Ballaststoffreich

Kleine Leinsamenbrote

Bild Umschlag-Vorderseite

Zutaten für 5 Brote:
100 g Leinsamen · ¼ l kochendes Wasser · 600 g Weizen · 1 Würfel Hefe · 2 Teel. flüssiger Honig · ¼ l lauwarmes Wasser · 2 Teel. Meersalz
Für das Backblech: Butter
Zum Bestreichen: 1 kleines Ei
Zum Bestreuen: 30 g ungeschälte Sesamsamen
Pro Brot etwa 2200 kJ/520 kcal
22 g Eiweiß · 14 g Fett · 77 g Kohlenhydrate · 14 g Ballaststoffe

Vorbereitungszeit: etwa 30 Minuten
Quell- und Ruhezeit: etwa 1¼ Stunden
Backzeit: 30–35 Minuten

- Die Leinsamen in einer kleinen Schüssel mit dem kochenden Wasser übergießen und zugedeckt etwa 1 Stunde quellen lassen.
- Inzwischen den Weizen zu feinem Mehl mahlen. In die Mitte eine Mulde drücken, die Hefe hineinbröckeln, den Honig auf die Hefe geben und 1–2 Minuten warten, bis sich die Hefe aufgelöst hat.
- Das lauwarme Wasser dazugießen und mit der Hefe und etwas Mehl vom Muldenrand zu einem dünnen Brei verrühren. Den Vorteig, mit einem Tuch bedeckt, etwa 15 Minuten an einem warmen Platz gehen lassen.
- Dann alles zu einem geschmeidigen Hefeteig verarbeiten, zuerst rühren, dann mit der Hand oder den Knethaken des elektrischen Handrührgerätes oder der Küchenmaschine kneten, bis alles Mehl von der Flüssigkeit aufgenommen worden ist. Den Teig 15–20 Minuten zugedeckt gehen lassen.
- Das Salz und die gequollenen Leinsamen hinzufügen und den Teig nochmals gründlich kneten. Durch die an den Leinsamen haftenden Schleimstoffe bleibt der Teig etwas klebrig. Sollte er jedoch sehr feucht sein, noch etwas Weizenvollkornmehl hineinkneten.
- Das Backblech einfetten. Den Teig in 5 etwa gleich große Stücke teilen, jedes mit nassen Händen zu einer etwa 15 cm langen Rolle formen. Die Rollen auf das Backblech legen und plattdrücken. Das Ei verquirlen, die Brote damit bestreichen, mit der bestrichenen Seite in die Sesamsamen drücken und wieder mit der bestrichenen Seite nach oben auf das Blech setzen. Die Brote, mit einem Tuch bedeckt, nochmals etwa 15 Minuten gehen lassen, bis sich das Volumen um etwa ein Drittel vergrößert hat.
- Inzwischen den Backofen auf 200° vorheizen. Das Blech in den Backofen (unten) schieben und die Brote in 30–35 Minuten goldbraun backen (Umluft: 175°).
- Die Brote etwa 5 Minuten im ausgeschalteten Backofen stehenlassen. Dann herausnehmen, mit kaltem Wasser besprühen und auf einem Kuchengitter auskühlen lassen.
- Die Leinsamenbrote bleiben 2-3 Tage frisch und schmecken am besten mit Butter bestrichen und eventuell mit Käse belegt. Sie eignen sich gut zum Toasten, wenn sie mindestens 1 Tag alt sind.

Tip: Gequollene Leinsamen enthalten sehr viel Schleimstoffe. Der Brotteig kann deshalb etwas klebrig aussehen und Sie brauchen ein scharfes Messer, um ihn in Stücke zu teilen. Mit nassen Händen läßt er sich trotzdem recht gut formen.

Preiswert

Buttermilchbrot

Bild Umschlag-Vorderseite

Zutaten für 1 Brot:
500 g Weizen · 200 g Roggen · 20 g puderfeines Vollsojamehl · 2 Teel. Meersalz · 1 Würfel Hefe · 1 Eßl. flüssiger Honig · ½ l lauwarme reine Buttermilch · 80 g feine Haferflocken
Für das Backblech: Butter
Bei 24 Scheiben pro Scheibe: etwa 230 kJ/ 55 kcal
3 g Eiweiß · 1 g Fett · 10 g Kohlenhydrate · 2 g Ballaststoffe

Vorbereitungszeit: etwa 40 Minuten (die Buttermilch etwa 1 Stunde zuvor aus dem Kühlschrank nehmen und mit dem Becher in warmes Wasser stellen)
Ruhezeit: etwa 50 Minuten
Backzeit: etwa 30 Minuten

- Den Weizen und den Roggen zu feinem Mehl mahlen, mit dem Sojamehl und dem Salz mischen, in die Mitte eine Mulde drücken, die Hefe hineinbröckeln, den Honig auf die Hefe geben und 1–2 Minuten warten, bis sich die Hefe aufgelöst hat.
- Die lauwarme Buttermilch dazugießen und mit der Hefe und etwas Mehl vom Muldenrand zu einem dünnen Brei verrühren. Den Vorteig, mit einem Tuch bedeckt, etwa 15 Minuten an einem warmen Platz gehen lassen.
- Dann alles zu einem geschmeidigen, festen Hefeteig verarbeiten, zuerst rühren, dann mit der Hand oder den Knethaken des elektrischen Handrührgerätes oder der Küchenmaschine kneten, bis alles Mehl von der Flüssigkeit aufgenommen worden ist. Den Teig nochmals 15–20 Minuten zugedeckt gehen lassen.
- Die Haferflocken auf die Arbeitsfläche schütten. Den Teig darauf kneten, aber nur so viel Haferflocken einarbeiten, wie der Teig leicht aufnimmt, damit er nicht zu fest wird. Den Teig gründlich kneten, dann auf den restlichen Haferflocken zu einer 50 cm langen Rolle formen.
- Das Backblech einfetten. Den Backofen auf 200° vorheizen. Die Teigrolle diagonal auf das Backblech legen, plattdrücken, und, mit einem Tuch bedeckt, nochmals etwa 15 Minuten gehen lassen, bis sich das Volumen um etwa ein Drittel vergrößert hat.
- Das Blech in den Backofen (unten) schieben und das Brot in etwa 30 Minuten goldbraun backen (Umluft: 180°).
- Das Brot noch 10 Minuten im ausgeschalteten Ofen stehenlassen, dann herausnehmen, mit kaltem Wasser besprühen und auf einem Kuchengitter auskühlen lassen.
- Das Buttermilchbrot bleibt 3–4 Tage frisch und schmeckt am besten mit Butter und Käse oder mit fruchtigen Marmeladen.

Preiswert

Plattenbrot

Bild Umschlag-Rückseite

Zutaten für ein Backblech:
700 g Weizen · je 100 g Roggen, Gerste und Hirse · je 1 Teel. Anis-, Fenchel- und Koriandersamen oder 3 Teel. Brotgewürz (Fertigmischung) · 1 Würfel Hefe · 1 Eßl. flüssiger Honig · 600 ccm lauwarmes Wasser · 1 Eßl. Meersalz
Für das Backblech: Butter
Zum Ausrollen: Weizenvollkornmehl
Zum Bestreichen: 1 Ei
Zum Bestreuen: je 1 Eßl. Koriander- und Mohnsamen · je 2 Eßl. Leinsamen, Sonnenblumenkerne und ungeschälte Sesamsamen

Pro Stück etwa 800 kJ/190 kcal
8 g Eiweiß · 4 g Fett · 33 g Kohlenhydrate · 6 g Ballaststoffe

Vorbereitungszeit: etwa 30 Minuten
Ruhezeit: etwa 45 Minuten
Backzeit: etwa 30 Minuten

- Den Weizen, den Roggen, die Gerste und die Hirse zusammen mit den Anis-, Fenchel- und Koriandersamen zu feinem Mehl mahlen (oder gemahlene Gewürze verwenden).
- In die Mitte der Mehlmischung eine Mulde drücken, die Hefe hineinbröckeln und den Honig auf die Hefe geben. 1–2 Minuten warten, bis sich die Hefe aufgelöst hat.
- Etwa die Hälfte des lauwarmen Wassers dazugießen und mit der Hefe und etwas Mehl vom Muldenrand zu einem dünnen Brei verrühren. Den Vorteig, mit einem Tuch bedeckt, etwa 15 Minuten an einem warmen Platz gehen lassen.
- Dann das Salz und das restliche lauwarme Wasser hinzufügen und alles zu einem geschmeidigen Hefeteig verarbeiten, zuerst rühren, dann mit der Hand oder den Knethaken des elektrischen Handrührgerätes oder der Küchenmaschine kneten, bis alles Mehl von der Flüssigkeit aufgenommen worden ist. Den Teig zugedeckt 15–20 Minuten gehen lassen.
- Den Teig nochmals gründlich kneten. Sollte er zu fest sein, etwas Wasser hinzufügen. Sollte er so weich sein, daß er sich nicht vom Schüsselrand löst, etwas Weizenvollkornmehl hineinkneten.
- Das Backblech einfetten. Den Teig auf der bemehlten Arbeitsfläche in der Größe des Bleches ausrollen und auf das Blech legen. Das Ei verquirlen und den Teig damit bestreichen. Die Samen zum Bestreuen mischen, auf dem Teig verteilen und etwas andrücken. Oder aus dem Teig 2 runde Platten ausrollen, auf 2 gefettete Bleche legen und die Samen nach Sorten getrennt in 5 Segmenten daraufstreuen (siehe Farbfoto Umschlag-Rückseite).
- Die Teigplatte(n) nochmals zugedeckt etwa 15 Minuten gehen lassen, bis sich das Volumen um etwa ein Drittel vergrößert hat.
- Inzwischen den Backofen auf 220° vorheizen. Das Blech in den Ofen (Mitte) schieben und das (die) Plattenbrot(e) in etwa 30 Minuten goldbraun backen (Umluft: 180°).
- Das Brot 5 Minuten im ausgeschalteten Ofen stehenlassen, dann herausnehmen, mit kaltem Wasser besprühen und auf einem Kuchengitter abkühlen lassen.
- Das Plattenbrot bleibt etwa 3 Tage frisch. Es wird in Portionsstücke und diese werden quer durchgeschnitten, mit Butter bestrichen und wieder zusammengesetzt.

Ballaststoffreich

Sojabrötchen

Zutaten für 16 Brötchen:
150 g gelbe Sojabohnen oder Sojaschrot · 500 g Weizen · 100 g feine Haferflocken · 1 Teel. Meersalz · 1 Würfel Hefe · 1 Eßl. flüssiger Honig · ½ l lauwarmes Wasser
Für das Backblech: Butter
Pro Brötchen etwa 700 kJ/170 kcal
8 g Eiweiß · 4 g Fett · 26 g Kohlenhydrate · 5 g Ballaststoffe

Vorbereitungszeit: etwa 40 Minuten
Ruhezeit: etwa 45 Minuten
Backzeit: 20–25 Minuten

- Die Sojabohnen in einer trockenen schweren Pfanne bei mittlerer Hitze unter öfterem Wenden rösten, bis sie etwas dunkler werden, angenehm duften und die Schalen zu platzen beginnen. Die Bohnen etwas abkühlen lassen und grobschroten. Oder fertigen Sojaschrot (der ebenfalls hitzebehandelt ist) verwenden.

- Den Weizen zu feinem Mehl mahlen und mit 100 g Sojaschrot, den Haferflocken und dem Salz mischen. In die Mitte eine Mulde drücken, die Hefe hineinbröckeln und den Honig auf die Hefe geben. 1-2 Minuten warten, bis sich die Hefe aufgelöst hat.
- Das lauwarme Wasser dazugießen und mit der Hefe und etwas Mehl vom Muldenrand zu einem dünnen Brei verrühren. Den Vorteig, mit einem Tuch bedeckt, etwa 15 Minuten an einem warmen Platz gehen lassen.
- Alles zu einem geschmeidigen Hefeteig verarbeiten, zuerst rühren, dann mit der Hand oder den Knethaken des elektrischen Handrührgerätes oder der Küchenmaschine kneten, bis alles Mehl von der Flüssigkeit aufgenommen worden ist. Den Teig zugedeckt 15-20 Minuten gehen lassen.
- Den Teig nochmals gründlich kneten. Sollte er zu fest sein, etwas Wasser dazugießen. Sollte er so weich sein, daß er sich nicht vom Schüsselrand löst, noch etwas Weizenvollkornmehl hineinkneten.
- Das Backblech einfetten. Den Teig in 4 gleich große Stücke und jedes nochmals in 4 gleich große Stücke teilen. Die Teigstücke in dem restlichen Sojaschrot wenden, zu Kugeln formen und nochmals mit der Oberseite in den Sojaschrot drücken. Die Brötchen auf das Blech legen, etwas plattdrücken und zugedeckt etwa 15 Minuten gehen lassen, bis sich das Volumen um etwa ein Drittel vergrößert hat.
- Inzwischen den Backofen auf 220° vorheizen. Das Blech in den Ofen (Mitte) schieben und die Brötchen in 20-25 Minuten hellbraun backen (Umluft: 190°).
- Die Sojabrötchen aus dem Ofen nehmen und mit kaltem Wasser besprühen. Die »richtige« goldbraune Farbe bekommen diese Brötchen erst beim Besprühen.
- Die Sojabrötchen schmecken am besten frisch oder am nächsten Tag, mit Butter bestrichen.

Ganz einfach

Weizenschrotbrötchen

Zutaten für 16 Brötchen:
500 g Weizen · 1½ Teel. Meersalz · 1 Würfel Hefe · 1 Teel. flüssiger Honig ·
300 ccm lauwarmes Wasser
Für das Backblech: Butter
Pro Brötchen etwa 430 kJ/105 kcal
4 g Eiweiß · 1 g Fett · 20 g Kohlenhydrate ·
3 g Ballaststoffe

Vorbereitungszeit: etwa 25 Minuten
Ruhezeit: etwa 45 Minuten
Backzeit: 20-25 Minuten

- Die Hälfte vom Weizen fein-, den Rest zu mittelgrobem Schrot mahlen und beides mit dem Salz in einer Rührschüssel mischen. In die Mitte eine Mulde drücken, die Hefe hineinbröckeln und den Honig auf die Hefe geben. 1-2 Minuten warten, bis sich die Hefe aufgelöst hat.
- Das lauwarme Wasser dazugießen und mit der Hefe und etwas Mehl vom Muldenrand zu einem dünnen Brei verrühren. Den Vorteig, mit einem Tuch bedeckt, etwa 15 Minuten an einem warmen Platz gehen lassen.
- Alles zu einem geschmeidigen Hefeteig verarbeiten, zuerst rühren, dann mit der Hand oder den Knethaken des elektrischen Handrührgerätes oder der Küchenmaschine kneten, bis alles Mehl von der Flüssigkeit aufgenommen worden ist. Den Teig zugedeckt 15-20 Minuten gehen lassen.

• Den Teig nochmals gründlich kneten. Sollte er zu fest sein, etwas Wasser hinzufügen. Sollte er so weich sein, daß er sich nicht vom Schüsselrand löst, etwas Weizenvollkornmehl hineinkneten.
• Das Backblech einfetten. Den Teig in 4 gleich große Stücke und jedes nochmals in 4 gleich große Stücke teilen. Jedes Teigstück zu einer Kugel rollen, zwischen den Handflächen zu einer etwa 8 cm langen Rolle formen. Die länglichen Brötchen auf das Blech legen, etwas plattdrücken und zugedeckt etwa 15 Minuten gehen lassen, bis sich das Volumen um etwa ein Drittel vergrößert hat. Jedes Brötchen mit einem scharfen Messer (Brotmesser) längs in der Mitte einschneiden.
• Inzwischen den Backofen auf 220° vorheizen. Das Blech in den Ofen (Mitte) schieben und die Brötchen in 20–25 Minuten goldbraun backen (Umluft: 180°).
• Die Brötchen aus dem Ofen nehmen, mit kaltem Wasser besprühen und auf einem Kuchengitter abkühlen lassen.
• Die Weizenschrotbrötchen schmecken am besten frisch, mit Butter und mit Honig bestrichen oder mit Käse belegt.

Preiswert

Vollkornmischbrot mit Backferment

Grundrezept

Zutaten für eine Brotform von 30 cm Länge:
Für den Vorteig, 1. Stufe (mindestens 38 Stunden vor dem Backen):
250 g Roggen · 2 Teel. Backfermentpulver · ½ l lauwarmes Wasser · 2 Eßl. flüssiger Honig

• Den Roggen zu feinem Mehl mahlen, in einer großen Schüssel mit dem Backferment mischen und mit dem lauwarmen Wasser sowie dem Honig verrühren. Die Schüssel zugedeckt für 24 Stunden an einen mindestens 24° warmen Platz stellen. Danach sollte der Teig deutlich sichtbar gegoren sein, das heißt, die Oberfläche sollte wie heller lockerer Schaum aussehen.

Für den Vorteig, 2. Stufe (mindestens 14 Stunden vor dem Backen):
250 g Roggen · ¼ l lauwarmes Wasser

• Den Roggen zu feinem Mehl mahlen. Das Mehl und das lauwarme Wasser unter den Vorteig rühren. Die Schüssel für weitere 12 Stunden zugedeckt warm stellen. Danach sollte die Gärung noch deutlicher erkennbar sein, das heißt, der ganze Teig sollte wie zusammengefallener Schaum aussehen und nach Brot riechen.

Für den Brotteig (mindestens 2 Stunden vor dem Backen):
700 g Weizen · 1 Eßl. Meersalz
Für die Form: Butter
Bei 36 Scheiben pro Scheibe etwa 420 kJ/100 kcal
3 g Eiweiß · 1 g Fett · 20 g Kohlenhydrate · 4 g Ballaststoffe

Vorbereitungszeit: etwa 30 Minuten
Quell- und Ruhezeit: mindestens 2 Stunden
Backzeit: etwa 1¼ Stunden

• Den Weizen zu feinem Mehl mahlen. Das Mehl und das Salz zum Vorteig geben und alles zu einem geschmeidigen, noch etwas klebrigen Teig verarbeiten, am besten mit den Knethaken eines elektrischen Handrührgerätes oder einer Küchenmaschine oder mit einem stabilen Holzlöffel von Hand.
• Die Form einfetten. Den Teig hineinfüllen, mit

einem Teigschaber glattstreichen und das Brot zugedeckt mindestens 2 Stunden gehen lassen, bis sich das Volumen um etwa ein Drittel vergrößert hat.

- Den Backofen auf 190° vorheizen oder das Brot in den kalten Backofen schieben und die Vorheizzeit zur Backzeit hinzurechnen. Die Form in den Ofen (unten) schieben und das Brot etwa 1¼ Stunden backen (Umluft: 170°), bis es goldbraun und mindestens 2 mm ringsum kleiner geworden ist, das heißt, vom inneren Formrand absteht.
- Das Brot 15 Minuten im ausgeschalteten Backofen stehenlassen. Dann aus der Form nehmen, von allen Seiten mit kaltem Wasser besprühen und auf einem Kuchengitter auskühlen lassen. Oder, falls eine »weiche« Kruste gewünscht wird, das Brot etwa 45 Minuten im ausgeschalteten Backofen stehen lassen, dann aus der Form nehmen und nur die Oberseite kurz mit kaltem Wasser besprühen.
- Das Vollkornmischbrot sollte erst am folgenden Tag angeschnitten werden. Es hält sich, wenn es kühl und luftig gelagert wird, bis zu 2 Wochen frisch und schmeckt mit jeder Art von Aufstrich oder Belag.

Variante: Roggenbrot
Statt 700 g Weizenvollkornmehl 650 g Roggenvollkornmehl verwenden.

Variante: Weizenbrot
Zum Vorteig, 1. und 2. Stufe, und zum Brotteig nur Weizenvollkornmehl verwenden.

Variante: Gewürztes Brot
1–2 Eßlöffel Kümmelsamen mit dem Mehl mahlen oder die Hälfte mitmahlen, den Rest unzerkleinert zum Teig geben oder nur ganze Kümmelsamen hinzufügen und/oder mit 2–4 Teelöffeln Fenchelsamen, Koriandersamen und/oder Dillsamen verfahren wie mit den Kümmelsamen.

Variante: Sonnenblumenbrot
100–150 g Sonnenblumenkerne in einer trockenen schweren Pfanne unter Wenden leicht rösten, bis sie beginnen, dunkler zu werden und angenehm duften. Etwas abkühlen lassen und unter den fertigen Teig kneten.

Ballaststoffreich

Leinsamenbrot

Bild Seite 18

Zutaten für eine Brotform von 30 cm Länge:
Für den Vorteig, 1. Stufe (mindestens 38 Stunden vor dem Backen):
250 g Roggen · 2 Teel. Backfermentpulver ·
½ l lauwarmes Wasser · 2 Eßl. flüssiger Honig

- Den Roggen zu feinem Mehl mahlen. Das Mehl in einer großen Schüssel mit dem Backferment mischen und mit dem lauwarmen Wasser sowie dem Honig verrühren. Die Schüssel zugedeckt für 24 Stunden an einen mindestens 24° warmen Platz stellen. Danach sollte der Teig deutlich sichtbar gegoren sein, das heißt, die Oberfläche sollte wie heller, lockerer Schaum aussehen.

Für den Vorteig, 2. Stufe (mindestens 14 Stunden vor dem Backen):
250 g Roggen · ¼ l lauwarmes Wasser

- Den Roggen zu feinem Mehl mahlen. Das Mehl und das lauwarme Wasser unter den Vorteig rühren und die Schüssel für weitere 12 Stunden zugedeckt warm (mindestens 24°) stellen. Danach sollte die Gärung noch deutlicher erkennbar sein, das heißt, der ganze Teig sollte wie zusammengefallener Schaum aussehen und nach Brot riechen.

Für den Brotteig (mindestens 3 Stunden vor dem Backen):
150 g Leinsamen · ¼ l kochendes Wasser · 600 g Weizen · 30 g puderfeines Vollsojamehl · 1 Eßl. Meersalz
Für die Form: Butter
Bei 40 Scheiben pro Scheibe etwa 430 kJ/ 100 kcal
4 g Eiweiß · 2 g Fett · 17 g Kohlenhydrate · 3 g Ballaststoffe

Vorbereitungszeit: etwa 30 Minuten
Quell- und Ruhezeit: etwa 3 Stunden
Backzeit: etwa 1¼ Stunden

- Die Leinsamen in einer Schüssel mit dem kochenden Wasser übergießen und zugedeckt etwa 1 Stunde quellen lassen.
- Den Weizen zu feinem Mehl mahlen. Das Weizen- und das Sojamehl, das Salz sowie die gequollenen Leinsamen zum Vorteig geben und alles zu einem feuchten, noch etwas klebrigen Teig verarbeiten, am besten mit den Knethaken eines elektrischen Handrührgerätes oder einer Küchenmaschine oder mit einem stabilen Holzlöffel von Hand.
- Die Form einfetten. Den Teig hineinfüllen, mit einem Teigschaber glattstreichen und das Brot zugedeckt mindestens 2 Stunden gehen lassen, bis sich das Volumen um etwa ein Drittel vergrößert hat.
- Den Backofen auf 190° vorheizen oder das Brot in den kalten Backofen (unten) schieben und die Vorheizzeit zur Backzeit hinzurechnen. Das Brot etwa 1¼ Stunden backen (Umluft: 170°), bis es goldbraun ist und mindestens 2 mm ringsum kleiner geworden ist, das heißt, vom inneren Formrand absteht.
- Das Brot 15 Minuten im ausgeschalteten Backofen stehen lassen, dann aus der Form nehmen, von allen Seiten mit kaltem Wasser besprühen und auf einem Kuchengitter auskühlen lassen. Oder, falls eine »weiche« Kruste gewünscht wird, das Brot etwa 45 Minuten im ausgeschalteten Backofen stehen lassen, dann aus der Form nehmen und nur die Oberseite kurz mit kaltem Wasser besprühen.
- Das Leinsamenbrot sollte erst am folgenden Tag angeschnitten werden. Es hält sich, wenn es kühl und luftig gelagert wird, bis zu 2 Wochen frisch und schmeckt am besten mit Butter und mit Honig bestrichen oder mit Käse belegt.

Ganz einfach

Siebenkornbrot

Zutaten für eine Brotform von 30 cm Länge:
Für den Vorteig, 1. Stufe (mindestens 38 Stunden vor dem Backen):
250 g Roggen · 2 Teel. Backfermentpulver · ½ l lauwarmes Wasser · 2 Eßl. flüssiger Honig

- Den Roggen zu feinem Mehl mahlen. Das Mehl in einer großen Schüssel mit dem Backferment mischen und mit dem lauwarmen Wasser sowie dem Honig verrühren. Die Schüssel zugedeckt für 24 Stunden an einen mindestens 24° warmen Platz stellen. Danach sollte der Teig deutlich sichtbar gegoren sein, das heißt, die Oberfläche sollte wie heller, lockerer Schaum aussehen.

Für den Vorteig, 2. Stufe (mindestens 14 Stunden vor dem Backen):
250 g Roggen · ¼ l lauwarmes Wasser

- Den Roggen zu feinem Mehl mahlen. Das Mehl und das lauwarme Wasser unter den Vorteig rühren. Die Schüssel für weitere 12 Stunden zugedeckt warm (mindestens 24°) stellen. Danach sollte die Gärung noch deutlicher erkennbar sein, das heißt, der ganze Teig sollte wie zusammengefallener Schaum aussehen und nach Brot riechen.

Für den Brotteig (mindestens 2 Stunden vor dem Backen):
400 g Weizen · je 60 g Gerste, Hafer, Buchweizen, Hirse und Naturreis (zusammen 300 g) · 1 Eßl. Meersalz
Für die Form: Butter
Bei 34 Scheiben pro Scheibe etwa 420 kJ/100 kcal
3 g Eiweiß · 1 g Fett · 20 g Kohlenhydrate · 3 g Ballaststoffe

Vorbereitungszeit: etwa 30 Minuten
Ruhezeit: etwa 2 Stunden
Backzeit: etwa 1¼ Stunden

- Den Weizen, die Gerste, den Hafer, den Buchweizen, die Hirse und den Reis zusammen feinmahlen. Die Mehlmischung und das Salz zum Vorteig geben und alles zu einem geschmeidigen, noch etwas klebrigen Teig verarbeiten, am besten mit den Knethaken eines elektrischen Handrührgerätes oder einer Küchenmaschine oder mit einem stabilen Holzlöffel von Hand.
- Die Form einfetten. Den Teig hineinfüllen, mit einem Teigschaber glattstreichen und das Brot zugedeckt mindestens 2 Stunden gehen lassen, bis sich das Volumen um etwa ein Drittel vergrößert hat.
- Den Backofen auf 190° vorheizen oder das Brot in den kalten Backofen (unten) schieben und die Vorheizzeit zur Backzeit hinzurechnen. Das Brot etwa 1¼ Stunden backen (Umluft: 170°), bis es goldbraun und mindestens 2 mm ringsum kleiner geworden ist, das heißt, vom inneren Formrand absteht.
- Das Brot 15 Minuten im ausgeschalteten Backofen stehenlassen, dann aus der Form nehmen, von allen Seiten mit kaltem Wasser besprühen und auf einem Kuchengitter auskühlen lassen. Oder, falls eine »weiche« Kruste gewünscht wird, das Brot etwa 45 Minuten im ausgeschalteten Backofen stehenlassen, dann aus der Form nehmen und nur die Oberseite kurz mit kaltem Wasser besprühen.
- Das Siebenkornbrot sollte erst am folgenden Tag angeschnitten werden. Es hält sich, wenn es kühl und luftig gelagert wird, bis zu 2 Wochen frisch und ist für alle Aufstriche geeignet.

Preiswert

Sauerteigbrot nach alter Art

Als es noch keine Küchenmaschinen gab, mußte man mit dem klebrigen Roggenteig in Handarbeit fertig werden. In einem alten Kochbuch fand ich den »Trick«, das Roggenmehl vorher zu brühen, also mit kochendem Wasser zu verrühren. So läßt sich der Teig wesentlich besser anfassen als der kleisterartige Teig aus rohem Roggenmehl, obwohl nach diesem Rezept die Hände auch nicht ganz sauber bleiben, wenn man sie statt einer Küchenmaschine zum Kneten benutzt. In dem alten Rezept wurde (eine viel größere Menge) Mehl in einem nicht gereinigten Brottrog mit Wasser überbrüht, dadurch war der Sauerteig gleich dabei. Für das folgende Rezept brauchen Sie fertig gekauften flüssigen Sauerteig; außerdem ein Brotkörbchen von 26–28 cm Durchmesser

Zutaten für 1 Brot:
Für den Vorteig (mindestens 36 Stunden vor dem Backen):
500 g Roggen · 1 Eßl. Zuckerrohrgranulat · 3 Teel. Meersalz · ¾ l kochendes Wasser · 1 Päckchen flüssiger Sauerteig (150 g)

• Den Roggen zu feinem Mehl mahlen und in einer Schüssel mit dem Zuckerrohrgranulat sowie dem Salz mischen. Das kochende Wasser darübergießen und alles mit einem Holzlöffel schnell verrühren. Den Teig zugedeckt 1 Stunde quellen und abkühlen lassen. • Dann den flüssigen Sauerteig gründlich unter den Vorteig rühren und den Teig zugedeckt 24 Stunden an einem warmen Platz stehen lassen.

Für den Brotteig (11–12 Stunden vor dem Backen):
700 g Weizen
Zum Formen, für das Brotkörbchen und für das Backblech: etwa 80 g Weizenvollkornmehl
Bei 24 Scheiben pro Scheibe etwa 680 kJ/ 160 kcal
6 g Eiweiß · 1 g Fett · 32 g Kohlenhydrate · 6 g Ballaststoffe

Vorbereitungszeit: etwa 30 Minuten
Ruhezeit: 11–12 Stunden
Backzeit: etwa 1½ Stunden

• Den Weizen zu feinem Mehl mahlen und mit den Knethaken einer Küchenmaschine unter den Vorteig kneten. Oder den feingemahlenen Weizen auf eine Arbeitsfläche schütten, den Vorteig daraufgeben und das Weizenmehl von außen zur Mitte nach und nach unter den Vorteig kneten.
• Das Brotkörbchen gut mit Mehl ausstreuen. Den Teig auf Mehl und mit bemehlten Händen zu einer Kugel formen, plattdrücken, so daß er das Körbchen ausfüllt, in das Körbchen legen und zugedeckt 11–12 Stunden an einem warmen Platz gehen lassen, bis sich das Volumen um mindestens ein Drittel vergrößert hat.
• Das Backblech mit Mehl bestreuen. Das Brot aus dem Körbchen auf das Blech stürzen. Das Brot in den kalten Backofen (unten) schieben und bei 190° in etwa 1½ Stunden (einschließlich Vorheizzeit) schön braun backen (Umluft: 170°).
• Das Brot noch 15 Minuten im ausgeschalteten Ofen stehenlassen, dann herausnehmen, von allen Seiten mit Wasser besprühen und auf einem Kuchengitter auskühlen lassen.
• Das Sauerteigbrot erst am nächsten Tag anschneiden. Es hält sich mindestens 1 Woche frisch und schmeckt am besten mit Butter bestrichen und/oder mit Aufstrichen aller Art.

Braucht etwas Zeit

Sauerteig-Hausbrot

Sauerteigbrot, das zur Hälfte aus Weizen besteht, ist etwas lockerer und leichter verdaulich und es kann eventuell eher angeschnitten werden als reines Roggenbrot.

Zutaten für eine Brotform von 30 cm Länge:
Für den Vorteig, 1. Stufe (mindestens 38 Stunden vor dem Backen):
250 g Roggen · 1 Päckchen Sauerteigextrakt (15 g) oder flüssiger Sauerteig (150 g) · ½ l lauwarmes Wasser

Ein schöner Brotlaib ist für viele der Inbegriff von Brot. Er gelingt Ihnen bestimmt, wenn Sie den Teig in einem Brotkörbchen gehen lassen. Das Rezept für dieses Korbbrot steht auf Seite 74. Wenn Sie den Geschmack Ihrer Gäste nicht genau kennen, backen Sie am besten einen gewürzten und einen ungewürzten Laib. ▷

• Den Roggen zu feinem Mehl mahlen, in einer großen Schüssel mit dem Sauerteigextrakt mischen und mit dem lauwarmen Wasser verrühren oder den flüssigen Sauerteig mit dem Wasser verrühren, über das Mehl gießen und verrühren. Die Schüssel zugedeckt für 24 Stunden an einen mindestens 20° warmen Platz stellen. Danach sollte der Teig deutlich sichtbar gegoren sein, das heißt, die Oberfläche sollte wie schmutziger Schaum aussehen.

Für den Vorteig, 2. Stufe (mindestens 14 Stunden vor dem Backen):
250 g Roggen · ¼ l lauwarmes Wasser

• Den Roggen zu feinem Mehl mahlen, mit dem lauwarmen Wasser unter den Sauerteig rühren und die Schüssel für weitere 12 Stunden zugedeckt warm stellen. Danach sollte die Gärung noch deutlicher erkennbar sein, das heißt, der ganze Teig sollte wie zusammengefallener Schaum aussehen und sauer riechen.

Für den Brotteig (mindestens 2 Stunden vor dem Backen):
600 g Weizen · 50 g puderfeines Vollsojamehl · 1 Eßl. Meersalz · je 1 Eßl. Kümmel-, Koriander- und Fenchelsamen
Für die Form: Butter

◁ Die einzelnen Schritte beim skandinavischen Roggenbrot (von links nach rechts): Die 1. Stufe des Vorteigs ist angerührt. Das Roggenmehl kommt zum gegorenen Vorteig. Die 2. Stufe des Vorteiges ist gegoren. Der Brotteig wird kräftig geknetet. Der Teig ist in der Form aufgegangen. Das Brot wird einen Tag nach dem Backen angeschnitten. Rezept Seite 39.

Bei 21 Scheiben pro Scheibe etwa 680 kJ/ 160 kcal
6 g Eiweiß · 1 g Fett · 30 g Kohlenhydrate · 6 g Ballaststoffe

Vorbereitungszeit: etwa 30 Minuten
Ruhezeit: etwa 2 Stunden
Backzeit: etwa 1¼ Stunden

• Den Weizen zu feinem Mehl mahlen, mit dem Sojamehl, dem Salz und den Gewürzen zum Sauerteig geben und alles zu einem geschmeidigen, noch etwas klebrigen Teig verarbeiten, am besten mit den Knethaken eines elektrischen Handrührgerätes oder einer Küchenmaschine oder mit einem stabilen Holzlöffel von Hand.
• Die Form einfetten. Den Teig hineinfüllen, mit einem Teigschaber glattstreichen und das Brot zugedeckt mindestens 2 Stunden gehen lassen, bis sich das Volumen um etwa ein Drittel vergrößert hat.
• Den Backofen auf 190° vorheizen oder das Brot in den kalten Backofen (unten) schieben und die Vorheizzeit zur Backzeit hinzurechnen. Das Brot etwa 1¼ Stunden backen (Umluft: 170°), bis es goldbraun ist und mindestens 2 mm ringsum vom Rand der Form absteht.
• Das Brot noch 15 Minuten im ausgeschalteten Backofen stehenlassen. Dann herausnehmen, von allen Seiten mit kaltem Wasser besprühen und auf einem Kuchengitter auskühlen lassen.
• Das Brot sollte erst nach 1 Tag angeschnitten werden. Es hält sich, wenn es kühl und luftig gelagert wird, bis zu 1 Woche frisch und schmeckt am besten mit Butter bestrichen und mit Käse belegt oder mit salzigen Aufstrichen.

Variante: Selbstverständlich schmeckt das Brot auch ohne die Gewürze oder nur mit einer Sorte, ganz nach persönlichem Geschmack.

Ballaststoffreich

Westfälisches Schwarzbrot

Die feine Säure, die leichte Süße und die körnige Struktur sind typisch für dieses Brot.

Zutaten für eine Brotform von 30 cm Länge:
Für den Vorteig, 1. Stufe (mindestens 38 Stunden vor dem Backen):
250 g Roggen · 1 Päckchen Sauerteigextrakt (15 g) oder flüssiger Sauerteig (150 g) · ½ l lauwarmes Wasser

• Den Roggen zu feinem Mehl mahlen. Das Mehl in einer großen Schüssel mit dem Sauerteigextrakt mischen und mit dem lauwarmen Wasser verrühren. Oder den flüssigen Sauerteig mit dem Wasser verrühren, über das Mehl gießen und vermischen. Die Schüssel zugedeckt für 24 Stunden an einen mindestens 20° warmen Platz stellen. Danach sollte der Teig deutlich gegoren sein, das heißt, die Oberfläche sollte wie schmutziger Schaum aussehen.

Für den Vorteig, 2. Stufe (mindestens 14 Stunden vor dem Backen):
250 g Roggen · ¼ l lauwarmes Wasser

• Den Roggen zu feinem Mehl mahlen. Das Mehl und das Wasser unter den Sauerteig rühren und die Schüssel für weitere 12 Stunden zugedeckt warm stellen. Danach sollte die Gärung noch deutlicher erkennbar sein, das heißt der ganze Teig sollte wie zusammengefallener Schaum aussehen und sauer riechen.

Für den Brotteig (mindestens 2 Stunden vor dem Backen):
1 kg Roggen · 100 g Rübensirup · ⅜ l kochendes Wasser · 1 Eßl. Meersalz · eventuell 2–3 Eßl. Kümmelsamen
Für die Form: Butter

Bei 40 Scheiben pro Scheibe etwa 480 kJ/110 kcal
4 g Eiweiß · 1 g Fett · 23 g Kohlenhydrate · 6 g Ballaststoffe

Vorbereitungszeit: etwa 30 Minuten
Quell- und Ruhezeit: etwa 2 Stunden
Backzeit: etwa 1½ Stunden

• 500 g Roggen zu grobem Schrot mahlen. Den Schrot mit dem Sirup in eine Schüssel geben, mit dem kochenden Wasser übergießen und schnell verrühren. Zugedeckt etwa 1 Stunde quellen lassen.
• Den restlichen Roggen zu feinem Mehl mahlen. Den gequollenen Schrot, das Mehl, das Salz und eventuell den Kümmel zum Sauerteig geben und alles zu einem feuchten, noch etwas klebrigen Teig verarbeiten, am besten mit den Knethaken eines elektrischen Handrührgerätes oder einer Küchenmaschine oder mit einem stabilen Holzlöffel von Hand.
• Die Form einfetten. Den Teig hineinfüllen, glattstreichen und das Brot zugedeckt mindestens 1 Stunde gehen lassen, bis sich das Volumen um etwa ein Drittel vergrößert hat.
• Den Backofen auf 190° vorheizen oder das Brot in den kalten Backofen (unten) schieben und die Vorheizzeit zur Backzeit hinzurechnen. Das Brot etwa 1½ Stunden backen (Umluft: 170°), bis es braun ist und mindestens 2 mm ringsum vom Rand der Form absteht.
• Das Brot noch 15 Minuten im ausgeschalteten Backofen stehen lassen. Herausnehmen, von allen Seiten mit kaltem Wasser besprühen und auf einem Kuchengitter auskühlen lassen.
• Das ziemlich »schwere« Brot sollte möglichst erst nach 2 Tagen angeschnitten werden. Es hält sich, wenn es kühl und luftig gelagert wird, bis zu 14 Tagen frisch.

Braucht etwas Zeit

Skandinavisches Roggenbrot

Bild Seite 36

Ein durch längere Säuerung und den Zusatz von Sirup und Zuckerrohrgranulat fast süß-sauer und gut gewürzt schmeckendes Brot.

Zutaten für eine Brotform von 30 cm Länge:
Für den Vorteig, 1. Stufe (mindestens 51 Stunden vor dem Backen):
250 g Roggen · 1 Päckchen Sauerteigextrakt (15 g) oder flüssiger Sauerteig (150 g) · ½ l lauwarmes Wasser

• Den Roggen zu feinem Mehl mahlen. Das Mehl in einer großen Schüssel mit dem Sauerteigextrakt mischen und mit dem lauwarmen Wasser verrühren, oder den flüssigen Sauerteig mit dem Wasser verrühren, über das Mehl gießen und daruntermischen. Die Schüssel zugedeckt für 24 Stunden an einen mindestens 20° warmen Platz stellen. Danach sollte der Teig deutlich sichtbar gegoren sein, das heißt, die Oberfläche sollte wie schmutziger Schaum aussehen.

Für den Vorteig, 2. Stufe (mindestens 27 Stunden vor dem Backen):
250 g Roggen · ¼ l lauwarmes Wasser

• Den Roggen zu feinem Mehl mahlen. Das Mehl und das lauwarme Wasser unter den Sauerteig rühren und die Schüssel für weitere 12 Stunden zugedeckt warm stellen. Danach sollte die Gärung noch deutlicher erkennbar sein, das heißt, der Teig sollte wie zusammengefallener Schaum aussehen und sauer riechen.

Für den Brotteig (mindestens 15 Stunden vor dem Backen):
600 g Roggen · 1 Eßl. Meersalz · je 3 Teel. Kümmel- und Anissamen · 3 Teel. gemahlener Kardamom · 50 g Rübensirup · 50 g Zuckerrohrgranulat
Für die Form: Butter

Bei 34 Scheiben pro Scheibe etwa 420 kJ/ 100 kcal
3 g Eiweiß · 1 g Fett · 20 g Kohlenhydrate · 5 g Ballaststoffe

Vorbereitungszeit: etwa 30 Minuten
Ruhezeit: etwa 15 Stunden
Backzeit: etwa 1½ Stunden

• Den Roggen zu feinem Mehl mahlen. Das Mehl und das Salz zum Sauerteig geben und alles zu einem geschmeidigen, noch etwas klebrigen Teig verarbeiten, am besten mit den Knethaken eines elektrischen Handrührgerätes oder einer Küchenmaschine oder mit einem stabilen Holzlöffel von Hand. Den Teig etwa 12 Stunden an einem warmen Platz zugedeckt gehen und säuern lassen.
• Dann die Gewürze, den Sirup und das Zuckerrohrgranulat hinzufügen und den Teig nochmals gründlich durchkneten.
• Die Form einfetten. Den Teig hineinfüllen, mit einem Teigschaber glattstreichen und das Brot zugedeckt mindestens 3 Stunden gehen lassen, bis sich das Volumen um etwa ein Drittel vergrößert hat.
• Den Backofen auf 190° vorheizen oder das Brot in den kalten Backofen (unten) schieben und die Vorheizzeit zur Backzeit hinzurechnen. Das Brot etwa 1½ Stunden backen (Umluft: 170°), bis es braun ist und mindestens 2 mm ringsum vom Rand der Form absteht.
• Das Brot weitere 15 Minuten im ausgeschalteten Backofen stehen lassen; dann herausnehmen, von allen Seiten mit kaltem Wasser besprühen und auf einem Kuchengitter auskühlen lassen.

• Das Roggenbrot sollte erst nach 1 Tag angeschnitten werden. Es hält sich, wenn es kühl und luftig gelagert wird, bis zu 14 Tagen frisch und schmeckt am besten mit Butter bestrichen und/oder mit Käse belegt. Die Skandinavier lieben auch Schinken, deftige Wurst oder Räucherlachs dazu.

Schnell

Weizenknäckebrot

Bild Umschlag-Rückseite

Zutaten für etwa 25 Stück:
500 g Weizen · 1 Teel. Meersalz · 2 Teel. Weinstein-Backpulver · 100 g weiche Butter · ¼ l Milch
Zum Ausrollen: Weizenvollkornmehl
Für die Backbleche: Butter
Pro Stück etwa 410 kJ/100 kcal
3 g Eiweiß · 4 g Fett · 13 g Kohlenhydrate · 2 g Ballaststoffe

Vorbereitungszeit: etwa 25 Minuten
Ruhezeit: 30 Minuten–1 Stunde
Backzeit pro Blech: 20–25 Minuten

• Den Weizen zu feinem Mehl mahlen, mit dem Salz sowie dem Backpulver mischen und auf die Arbeitsfläche oder in die Rührschüssel einer elektrischen Küchenmaschine schütten. Die Butter in Flöckchen auf dem Mehl verteilen, die Milch nach und nach dazugießen und alles schnell mit der Hand von außen nach innen oder mit den Knethaken der Küchenmaschine bearbeiten, bis ein geschmeidiger Knetteig entstanden ist. Den Teig 30 Minuten bis 1 Stunde zugedeckt ruhen lassen.
• Dann den Teig auf Vollkornmehl 3–4 mm dick ausrollen, in etwa 6x10 cm große Stücke schneiden oder ausrädeln. Zwei Backbleche einfetten. Die Teigstücke darauf verteilen und mit einer Gabel mehrmals einstechen. Die Bleche nacheinander (oder beim Umluftherd gleichzeitig) in den kalten oder auf 200° vorgeheizten Backofen (Mitte) schieben und die Knäckebrote in 20–25 Minuten hellbraun backen (Umluft: 180°, insgesamt 30 Minuten), bis sie fest und brüchig, also nicht mehr elastisch sind.
• Die Bleche herausnehmen, die Oberseiten der Brote mit kaltem Wasser besprühen und die Stücke auf dem Kuchengitter auskühlen lassen.
• Gut ausgekühlt kann das Knäckebrot in einer Blechdose oder Knäckebrotdose etwa 1 Woche aufbewahrt werden. Es schmeckt am besten mit Butter bestrichen und mit Käse oder rohen Gemüsen belegt, aber auch mit Honig.

Schnell

Roggenknäcke- oder Flachbrot

Zutaten für 4 große runde Knäckebrote:
300 g Roggen · ¼ l Milch · 25 g ungehärtetes Kokosfett (1 Stück) · 1 Teel. Meersalz · 1 Eßl. Kümmelsamen
Für die Backbleche: Butter
Zum Ausrollen: etwa 50 g Roggenvollkornmehl
Pro Brot etwa 1500 kJ/360 kcal
11 g Eiweiß · 11 g Fett · 55 g Kohlenhydrate · 12 g Ballaststoffe

Vorbereitungszeit: etwa 25 Minuten
Ruhezeit: etwa 10 Minuten
Backzeit pro Blech: 25–30 Minuten

• Den Roggen zu feinem Mehl mahlen und in eine Rührschüssel füllen. Die Milch mit dem

Kokosfett, dem Salz und dem Kümmel erhitzen, bis das Fett geschmolzen ist.

- Die heiße Milch über das Mehl gießen, und sofort schnell mit dem Mehl verrühren. Den Teig mindestens 10 Minuten quellen und abkühlen lassen. Danach gründlich durchkneten.
- 1 oder 2 Backbleche einfetten. Den Teig in 4 gleich große Stücke teilen und jedes zu einer Kugel formen. Jede Teigkugel auf Roggenvollkornmehl millimeterdünn ausrollen, bei nur einem Backblech etwa rechteckig, so daß die 4 Teigstücke auf das Blech passen, oder rund ausrollen und auf zwei Blechen verteilen. Den Backofen auf 200° vorheizen.
- Die Teigstücke mit einer Gabel viele Male durchstechen. Das Blech in den Ofen (Mitte) schieben (zwei Bleche voll nacheinander backen oder im Umluftbackofen gleichzeitig) und das Brot 25-30 Minuten backen, bis es goldbraun und brüchig ist. (Umluft: 180°, insgesamt 30 Minuten).
- Die Platten auf einem Kuchengitter auskühlen lassen. Bei Bedarf in Stücke brechen.
- Das Knäcke- oder Flachbrot bleibt, nachdem es gut ausgekühlt ist, in einer verschlossenen Blechdose etwa 3 Wochen frisch und schmeckt am besten mit Butter bestrichen und/oder mit Käse belegt.

Schnell

Sechskorn-Flachbrot

Zutaten für 8 große rechteckige Flachbrote:
200 g Weizen · je 80 g Roggen, Gerste, Hirse, Buchweizen und Naturreis (zusammen 400 g) · je 1 Teel. Kümmel- und Dillsamen · ¼ l Wasser · 3 Eßl. Olivenöl · 1 Teel. Meersalz · 100 g Sahne
Für die Backbleche: Butter
Zum Ausrollen: etwa 50 g Weizenvollkornmehl

Pro Brot etwa 1400 kJ/330 kcal
9 g Eiweiß · 10 g Fett · 52 g Kohlenhydrate · 7 g Ballaststoffe

Vorbereitungszeit: etwa 25 Minuten
Ruhezeit: etwa 20 Minuten
Backzeit pro Blech: 25-30 Minuten

- Alle Getreidekörner mit den Kümmel- und Dillsamen zu feinem Mehl mahlen und in eine Rührschüssel füllen. Das Wasser mit dem Öl und dem Salz einmal aufkochen.
- Das heiße Wasser und die Sahne über das Mehl gießen und sofort und schnell mit dem Mehl verrühren. Den Teig mindestens 20 Minuten quellen und abkühlen lassen. Danach gründlich durchkneten.
- Zwei Backbleche einfetten. Den Teig in 8 gleich große Stücke teilen und jedes zu einer Kugel formen. Jede Teigkugel auf Weizenvollkornmehl millimeterdünn ausrollen, etwa rechteckig, so daß je vier Teigstücke auf ein Blech passen. Den Backofen auf 200° vorheizen.
- Die Teigstücke mit einer Gabel viele Male durchstechen. Ein Blech in den Ofen (Mitte) schieben und das Brot 25-30 Minuten backen, bis es goldbraun und brüchig ist. Die übrigen Brote genauso backen oder beide Backbleche auf einmal in den Umluftbackofen schieben und bei 180° etwa 30 Minuten backen.
- Das Brot auf einem Kuchengitter auskühlen lassen. Bei Bedarf in Stücke brechen.
- Das Flachbrot bleibt, nachdem es gut ausgekühlt ist, in einer verschlossenen Blechdose etwa 2 Wochen frisch und schmeckt am besten mit Butter bestrichen und/oder mit Käse belegt.

Knuspriges zum Frühstück

»Frühstücken wie ein König«, diese gesunde Empfehlung läßt sich mit Vollwertigem aus dem eigenen Backofen leicht erfüllen. Knuspriges und Zartes, das gut mit Kaffee oder Tee, mit Honig oder fruchtiger Marmelade, mit Käse oder anderem Brotbelag harmoniert, das bekommen wir mit Vollwertgebäck in viel schmackhafterer Form auf den Frühstückstisch als mit Gebäck aus Auszugsmehl.
Das übliche Frühstück, bestehend aus Weißbrötchen, weißem Toast, Butter, Marmelade und Kaffee mit weißem Zucker gesüßt, ist ziemlich nährstoffarm, bietet »leere Kalorien«, die schnell verbraucht sind und nicht gut für einen anstrengenden Vormittag ausrüsten.
Inzwischen haben glücklicherweise Müsli, Vollkornbrötchen und Vollkorntoast die Frühstückstische erobert. Solch ein Frühstück hat viele gesundheitliche, aber auch praktische Vorteile: Zum Beispiel kann man weiße Brötchen am nächsten Tag allenfalls noch für Semmelknödel gebrauchen, das meiste Vollkorngebäck bleibt jedoch ohne weiteres bis zum anderen Morgen saftig und genießbar.

Ballaststoffreich

Frühstücksbrötchen mit Leinsamen

Gemahlene Leinsamen, von vielen im Morgen-Müsli als »Pflichtnahrung« gegessen, schmekken vielleicht reizvoller in Brot oder Brötchen »verpackt«. Auch hier gilt: Viel dazu trinken, damit die Leinsamen quellen und damit ihre wohltuende Wirkung im Darm entfalten können.

Zutaten für 16 Brötchen:
550 g Weizen · 80 g feingeschrotete Leinsamen, am besten frisch geschrotet · 1 Würfel Hefe · 1 Eßl. flüssiger Honig · 3/8 l lauwarme Milch · 1 Teel. Meersalz
Für das Backblech: Butter
Zum Bestreichen: etwas Milch
Pro Stück etwa 630 kJ/150 kcal
6 g Eiweiß · 4 g Fett · 23 g Kohlenhydrate · 4 g Ballaststoffe

Vorbereitungszeit: etwa 30 Minuten
Ruhezeit: etwa 45 Minuten
Backzeit: 20–25 Minuten

- Die eine Hälfte vom Weizen zu feinem Mehl, die andere zu feinem Schrot mahlen und beides mit dem Leinsamenschrot in einer Rührschüssel mischen. In die Mitte eine Mulde drücken, die Hefe hineinbröckeln und den Honig auf die Hefe geben. 1–2 Minuten warten, bis sich die Hefe aufgelöst hat.
- Die lauwarme Milch dazugießen und mit der Hefe sowie etwas Mehl vom Muldenrand zu einem dünnen Brei verrühren. Den Vorteig, mit einem Tuch bedeckt, etwa 15 Minuten an einem warmen Platz gehen lassen.
- Das Salz hinzufügen und alles zu einem geschmeidigen Hefeteig verarbeiten, zuerst rühren, dann mit der Hand oder den Knethaken des elektrischen Handrührgerätes oder der Küchenmaschine kneten, bis alles Mehl von der Flüssigkeit aufgenommen worden ist. Den Teig zugedeckt 15–20 Minuten gehen lassen.
- Den Teig nochmals gründlich kneten. Sollte er noch zu fest sein, etwas Wasser dazugießen. Sollte er so weich sein, daß er sich nicht vom Schüsselrand löst, etwas Weizenvollkornmehl hineinkneten.
- Das Backblech gut einfetten. Den Teig in 4 gleich große Stücke und jedes nochmals in 4 gleich große Stücke teilen. Jedes Teigstück mit nassen Händen zu einer Kugel formen, auf das Blech legen, etwas plattdrücken und zuge-

deckt etwa 15 Minuten gehen lassen, bis sich das Volumen um etwa ein Drittel vergrößert hat. Die Brötchen mit Milch bestreichen.

- Inzwischen den Backofen auf 200° vorheizen. Das Blech in den Ofen (Mitte) schieben und die Brötchen in 20–25 Minuten goldbraun backen (Umluft: 180°).
- Die Brötchen 5 Minuten im ausgeschalteten Ofen stehenlassen, dann herausnehmen, mit kaltem Wasser besprühen und auf einem Kuchengitter abkühlen lassen.
- Die Leinsamenbrötchen schmecken am besten frisch, mit Butter bestrichen und/oder mit Käse belegt.

Ballaststoffreich

Früchtebrötchen

Zutaten für 16 Brötchen:
je 50 g Rosinen, Trockenpflaumen ohne Stein und getrocknete Feigen · 50 g Haselnußkerne · 500 g Weizen · je 50 g Roggen und Hirse · 80 g feingeschrotete Leinsamen, am besten frisch geschrotet · 1 Messerspitze Meersalz · abgeriebene Schale von ½ unbehandelten Zitrone · 1 Würfel Hefe · 2 Eßl. flüssiger Honig · ½ l lauwarme Milch
Für das Backblech: Butter
Zum Bestreichen: etwas Milch
Pro Brötchen etwa 840 kJ/200 kcal
7 g Eiweiß · 6 g Fett · 30 g Kohlenhydrate · 5 g Ballaststoffe

Vorbereitungszeit: etwa 40 Minuten
Ruhezeit: etwa 50 Minuten
Backzeit: 20–25 Minuten

- Die Trockenfrüchte waschen und auf einem Sieb abtropfen lassen. Die Pflaumen und die Feigen grobhacken. Die Nüsse grobhacken oder -reiben.
- Den Weizen, den Roggen und die Hirse zu feinem Mehl mahlen, mit dem Leinsamenschrot, dem Salz, der abgeriebenen Zitronenschale, den vorbereiteten Trockenfrüchten und Nüssen in einer Rührschüssel mischen. In die Mitte eine Mulde drücken, die Hefe hineinbröckeln und den Honig auf die Hefe geben. 1–2 Minuten warten, bis sich die Hefe aufgelöst hat.
- Die lauwarme Milch dazugießen und mit der Hefe und etwas Mehl vom Muldenrand zu einem dünnen Brei verrühren. Den Vorteig, mit einem Tuch bedeckt, etwa 15 Minuten an einem warmen Platz gehen lassen.
- Alles zu einem geschmeidigen Hefeteig verarbeiten, zuerst rühren, dann mit der Hand oder den Knethaken des elektrischen Handrührgerätes oder der Küchenmaschine kneten, bis alles Mehl von der Flüssigkeit aufgenommen worden ist. Den Teig zugedeckt 15–20 Minuten gehen lassen.
- Den Teig nochmals gründlich kneten. Sollte er zu fest sein, etwas Wasser dazugießen. Sollte er so weich sein, daß er sich nicht vom Schüsselrand löst, etwas Weizenvollkornmehl hineinkneten.
- Das Backblech einfetten. Den Teig in 4 gleich große Stücke und jedes nochmals in 4 gleich große Stücke teilen. Jedes Teigstück zu einer Kugel formen, auf das Blech legen, plattdrücken und zugedeckt etwa 15 Minuten gehen lassen, bis sich das Volumen um etwa ein Drittel vergrößert hat. Die Brötchen mit Milch bestreichen.
- Inzwischen den Backofen auf 200° vorheizen. Das Blech in den Ofen (Mitte) schieben und die Brötchen in 20–25 Minuten goldbraun backen (Umluft: 180°).
- Die Brötchen aus dem Ofen nehmen, mit kaltem Wasser besprühen und auf einem Kuchengitter abkühlen lassen. Sie schmecken am besten frisch, mit Butter bestrichen.

Ballaststoffreich

Müslibrötchen

Zutaten für 16 Brötchen:
400 g Weizen · 50 g Hirse · 20 g Weizenkeime · 20 g puderfeines Vollsojamehl · 1 Würfel Hefe · 2 Eßl. flüssiger Honig · ¼ l lauwarme Milch · 100 g Rosinen · 250 g säuerliche Äpfel · 150 g grobe Haferflocken
Für das Backblech: Butter
Zum Bestreichen: 2 Eßl. flüssiger Honig · 4 Eßl. Sahne · je 1 Messerspitze Zimtpulver und gemahlene Vanille
Pro Brötchen etwa 845 kJ/205 kcal
7 g Eiweiß · 4 g Fett · 37 g Kohlenhydrate · 5 g Ballaststoffe

Vorbereitungszeit: etwa 40 Minuten
Ruhezeit: etwa 45 Minuten
Backzeit: 20-25 Minuten

- Den Weizen und die Hirse zu feinem Mehl mahlen, dann mit den Weizenkeimen und dem Sojamehl in einer Rührschüssel mischen. In die Mitte eine Mulde drücken, die Hefe hineinbröckeln und den Honig auf die Hefe geben. 1-2 Minuten warten, bis sich die Hefe aufgelöst hat.
- Die lauwarme Milch dazugießen und mit der Hefe und etwas Mehl vom Muldenrand zu einem dünnen Brei verrühren. Den Vorteig, mit einem Tuch bedeckt, etwa 15 Minuten an einem warmen Platz gehen lassen.
- Alles zu einem geschmeidigen Hefeteig verarbeiten, zuerst rühren, dann mit der Hand oder den Knethaken des elektrischen Handrührgerätes oder der Küchenmaschine kneten, bis alles Mehl von der Flüssigkeit aufgenommen worden ist. Den Teig zugedeckt 15-20 Minuten gehen lassen.
- Die Rosinen waschen und gut abtropfen lassen. Die Äpfel waschen, trockentupfen und rings um das Kernhaus grob abreiben. Die abgetropften Rosinen, die Apfelraspel sowie 100 g Haferflocken zum Teig geben und alles nochmals gründlich kneten. Der Teig sollte ziemlich weich, fast noch etwas klebrig sein.
- Das Backblech einfetten. Den Teig in 4 gleich große Stücke und jedes nochmals in 4 gleich große Stücke teilen. Jedes Teigstück mit nassen Händen zu einer Kugel formen. Jede Teigkugel in die restlichen Haferflocken drücken, mit der Haferflockenseite nach oben auf das Blech legen, etwas plattdrücken und zugedeckt etwa 15 Minuten gehen lassen, bis sich das Volumen um etwa ein Drittel vergrößert hat.
- Inzwischen den Honig, die Sahne, den Zimt und die Vanille gründlich verrühren. Die Masse mit einem nicht zu schmalen Kuchenpinsel dick auf die Brötchen tupfen und streichen.
- Den Backofen auf 200° vorheizen. Das Blech in den Ofen (Mitte) schieben und die Brötchen in 20-25 Minuten goldbraun backen (Umluft: 180°).
- Die Brötchen aus dem Ofen nehmen, mit kaltem Wasser besprühen und auf einem Kuchengitter abkühlen lassen.
- Die Müslibrötchen schmecken am besten frisch, mit Butter bestrichen.

Ganz einfach

Quarkblätterteig-Kissen

Zutaten für etwa 20 Stück:
350 g Weizen · 30 g puderfeines Vollsojamehl · 1 Teel. Meersalz · 1 Würfel Hefe · 2 Teel. flüssiger Honig · ⅛ l lauwarmes Wasser · 250 g Magerquark · 100 g weiche Butter
Für das Backblech: Butter
Zum Ausrollen: Weizenvollkornmehl
Zum Bestreichen: 1 Ei

Pro Stück etwa 510 kJ/120 kcal
5 g Eiweiß · 5 g Fett · 13 g Kohlenhydrate ·
2 g Ballaststoffe

Vorbereitungszeit: etwa 30 Minuten
Ruhezeit: etwa 1 Stunde
Backzeit: etwa 30 Minuten

• Den Weizen zu feinem Mehl mahlen, dann mit dem Sojamehl und dem Salz mischen. In die Mitte eine Mulde drücken, die Hefe hineinbröckeln und den Honig auf die Hefe geben. 1–2 Minuten warten, bis sich die Hefe aufgelöst hat.
• Etwa die Hälfte des lauwarmen Wassers dazugießen und mit der Hefe und etwas Mehl vom Muldenrand zu einem dünnen Brei verrühren. Den Vorteig, mit einem Tuch bedeckt, etwa 15 Minuten an einem warmen Platz gehen lassen.
• Dann das restliche lauwarme Wasser, den Quark und die Butter in Flöckchen hinzufügen und alles zu einem geschmeidigen Hefeteig verarbeiten, zuerst rühren, dann mit der Hand oder den Knethaken des elektrischen Handrührgerätes oder der Küchenmaschine kneten, bis alles Mehl von der Flüssigkeit aufgenommen worden ist. Den Teig zugedeckt 20–25 Minuten gehen lassen.
• Den Teig nochmals gründlich kneten. Sollte er zu fest sein, etwas Wasser dazugießen. Sollte er so weich sein, daß er sich nicht vom Schüsselrand löst, etwas Weizenvollkornmehl hineinkneten.
• Ein Backblech einfetten. Den Teig auf einer bemehlten Arbeitsfläche etwa 1 cm dick ausrollen. Etwa 7 x 7 cm große Quadrate ausrädeln oder -schneiden und auf das Blech legen. Die Teigstücke zugedeckt 20–25 Minuten gehen lassen, bis sich das Volumen um etwa ein Drittel vergrößert hat.
• Inzwischen den Backofen auf 220° vorheizen. Das Ei verquirlen und die Teigstücke damit bestreichen. Das Blech in den Ofen (Mitte) schieben und die Blätterteigstücke in etwa 30 Minuten goldbraun backen (Umluft: 180°).
• Das Gebäck 5 Minuten im ausgeschalteten Ofen stehenlassen, dann herausnehmen, mit kaltem Wasser besprühen und auf einem Kuchengitter abkühlen lassen.
• Die Quarkblätterteig-Kissen bleiben etwa 2 Tage frisch und schmecken am besten quer durchgeschnitten, mit Butter und mit fruchtiger Marmelade oder Honig bestrichen.

Ganz einfach

Malz-Reis-Brötchen

Zutaten für 12 Brötchen:
150 g Gerstenmalzextrakt · ⅛ l Milch · 1 Würfel Hefe · 300 g Weizen · 100 g Naturreis · 30 g puderfeines Vollsojamehl · 1 Ei
Für das Backblech: Butter
Zum Wälzen: 40 g geschälte Sesamsamen
Pro Brötchen etwa 820 kJ/ 190 kcal
7 g Eiweiß · 5 g Fett · 33 g Kohlenhydrate ·
4 g Ballaststoffe

Vorbereitungszeit: etwa 30 Minuten
Ruhezeit: etwa 45 Minuten
Backzeit: 20–25 Minuten

• Das Malz mit der Milch in einem kleinen Topf unter Rühren erhitzen (nicht kochen), bis das Malz sich aufgelöst hat. Die Flüssigkeit etwas abkühlen lassen, dann die Hefe hineinbröckeln und verrühren.
• Den Weizen und den Reis zu feinem Mehl mahlen und mit dem Sojamehl in einer Rührschüssel mischen. In die Mitte eine Mulde drükken, die Malz-Hefe-Milch hineingießen und mit etwas Mehl vom Muldenrand zu einem dünnen

Brei verrühren. Mit einem Tuch bedeckt, etwa 15 Minuten an einem warmen Platz gehen lassen.

• Das Ei hinzufügen und alles zusammen zu einem geschmeidigen Hefeteig verarbeiten, zuerst rühren, dann mit der Hand oder den Knethaken des elektrischen Handrührgerätes oder der Küchenmaschine kneten, bis alles Mehl von der Flüssigkeit aufgenommen worden ist. Den Teig zugedeckt 15-20 Minuten gehen lassen, bis sich das Volumen deutlich vergrößert hat.

• Den Teig nochmals gründlich kneten. Sollte er zu fest sein, etwas Milch hinzufügen. Sollte er so weich sein, daß er sich nicht vom Schüsselrand löst, etwas Weizenvollkornmehl hineinkneten.

• Das Backblech einfetten. Den Teig in zwölf gleich große Stücke teilen, jedes zu einer Kugel formen, in den Sesamsamen wälzen, so daß die Teigkugeln ganz davon bedeckt sind. Die Kugeln plattdrücken, auf das Blech legen und zugedeckt etwa 20 Minuten gehen lassen, bis sich das Volumen um etwa ein Drittel vergrößert hat.

• Inzwischen den Backofen auf 200° vorheizen. Das Blech in den Ofen (MItte) schieben und die Brötchen in 20-25 Minuten goldbraun backen (Umluft: 180°).

• Die Brötchen 5 Minuten im ausgeschalteten Ofen stehenlassen, dann herausnehmen, mit kaltem Wasser besprühen und auf einem Kuchengitter abkühlen lassen.

• Die Malzbrötchen bleiben etwa 4 Tage frisch und schmecken am besten mit Erdnußmus, Sesammus oder Honig, Dattelmark oder Marmelade aus exotischen Früchten bestrichen.

Etwas teurer

Kuchenbrötchen

Zutaten für 12 Brötchen:
400 g Weizen · 50 g Hirse · 1 Messerspitze gemahlene Vanille · 1 Würfel Hefe · 2 Eßl. flüssiger Honig · 200 ccm lauwarme Milch · 100 g weiche Butter · 100 g Rosinen
Für das Backblech: Butter
Zum Bestreichen: 1 Ei
Pro Brötchen etwa 980 kJ/230 kcal
6 g Eiweiß · 9 g Fett · 32 g Kohlenhydrate · 4 g Ballaststoffe

Vorbereitungszeit: etwa 30 Minuten
Ruhezeit: etwa 1 Stunde
Backzeit: 15-20 Minuten

• Den Weizen und die Hirse zu feinem Mehl mahlen und in einer Rührschüssel mit der Vanille mischen. In die Mitte eine Mulde drücken, die Hefe hineinbröckeln und den Honig auf die Hefe geben. 1-2 Minuten warten, bis sich die Hefe aufgelöst hat.

• Die lauwarme Milch dazugießen und mit der Hefe und etwas Mehl vom Muldenrand zu einem dünnen Brei verrühren. Den Vorteig, mit einem Tuch bedeckt, etwa 15 Minuten an einem warmen Platz gehen lassen.

• Die weiche Butter hinzufügen und alles zusammen zu einem geschmeidigen Hefeteig verarbeiten, zuerst rühren, dann mit der Hand oder den Knethaken des elektrischen Handrührgerätes oder der Küchenmaschine kneten, bis alles Mehl von der Flüssigkeit aufgenommen worden ist. Den Teig zugedeckt 20-25 Minuten gehen lassen.

• Inzwischen die Rosinen waschen und auf einem Sieb gut abtropfen lassen. Die Rosinen hinzufügen und den Teig nochmals gründlich kneten. Sollte er zu fest sein, etwas Milch dazugießen. Sollte er so weich sein, daß er sich nicht vom Schüsselrand löst, etwas Weizenvollkornmehl hineinkneten.

- Das Backblech einfetten. Den Teig in 4 gleich große Stücke und jedes nochmals in 3 gleich große Stücke teilen. Jedes Teigstück zu einer Kugel formen, auf das Blech legen, etwas plattdrücken und zugedeckt 20-25 Minuten gehen lassen, bis sich das Volumen um etwa ein Drittel vergrößert hat. Das Ei verquirlen und die Brötchen damit bestreichen.
- Inzwischen den Backofen auf 200° vorheizen. Das Blech in den Ofen (Mitte) schieben und die Brötchen in 15-20 Minuten goldbraun backen (Umluft: 180°). 5 Minuten vor Beendigung der Backzeit das Blech kurz herausnehmen. Die Brötchen schnell nochmals mit Ei bestreichen und fertigbacken.
- Die Brötchen 5 Minuten im ausgeschalteten Ofen stehen lassen, dann herausnehmen, mit kaltem Wasser besprühen und auf einem Kuchengitter abkühlen lassen.
- Die Kuchenbrötchen schmecken am besten frisch, aber auch am nächsten Tag, mit Butter bestrichen.

Varianten: Zur Abwechslung kann man die Brötchen auch mit 1 Messerspitze Zimtpulver oder gemahlenem Kardamom oder mit 1 Teelöffel abgeriebener Schale von unbehandelter Zitrone würzen. Statt der Rosinen können Sie auch Korinthen verwenden.

Tip: Hefeteig mit so viel Butter braucht etwas mehr Wärme und Zeit zum Gehen. Einerseits macht die Butter das Gebäck angenehm mürbe und bestimmt das feine Aroma, andererseits verlangsamt sie den Gärprozeß.

Etwas teurer

Süßes Frühstücksbrot

Zutaten für eine Kastenform von 28 cm Länge:
250 g Weizen · 200 g Dinkel · 50 g feines gelbes Maismehl · 20 g puderfeines Vollsojamehl · 40 g Zuckerrohrgranulat · 1 Briefchen Safranpulver · ½ Teel. gemahlener Kardamom · 1 Messerspitze gemahlene Vanille · 1 Würfel Hefe · 2 Eßl. flüssiger Honig · ¼ l lauwarme Milch · 100 g abgezogene Mandeln · 50 g Pistazienkerne · 50 g Rosinen · 100 g weiche Butter
Für die Form: Butter

Bei 22 Scheiben pro Scheibe etwa 800 kJ/ 190 kcal
6 g Eiweiß · 10 g Fett · 20 g Kohlenhydrate · 3 g Ballaststoffe

Vorbereitungszeit: etwa 30 Minuten
Ruhezeit: etwa 1¼ Stunden
Backzeit: 25-30 Minuten

- Den Weizen und den Dinkel zu feinem Mehl mahlen und in einer Rührschüssel mit dem Maismehl, dem Sojamehl, dem Zuckerrohrgranulat, dem Safran, dem Kardamom und der Vanille mischen. In die Mitte eine Mulde drücken, die Hefe hineinbröckeln und den Honig auf die Hefe geben. 1-2 Minuten warten, bis sich die Hefe aufgelöst hat.
- Die lauwarme Milch dazugießen und mit der Hefe und etwas Mehl vom Muldenrand zu einem dünnen Brei verrühren. Den Vorteig, mit einem Tuch bedeckt, etwa 15 Minuten an einem warmen Platz gehen lassen.
- Inzwischen die Mandeln (einige halbe Mandeln zum Garnieren beiseite legen) grobhacken, die Pistazien grobreiben (etwa 2 Teelöffel beiseite legen). Die Rosinen waschen und auf einem Sieb gut abtropfen lassen.

• Die weiche Butter und die vorbereiteten Mandeln, Pistazien und Rosinen zum Vorteig geben und alles zu einem geschmeidigen Hefeteig verarbeiten, zuerst rühren, dann mit der Hand oder den Knethaken des elektrischen Handrührgerätes oder der Küchenmaschine kneten, bis alles Mehl von der Flüssigkeit aufgenommen worden ist. Den Teig zugedeckt etwa 30 Minuten gehen lassen.
• Die Form einfetten. Den Teig noch einmal gut durchkneten, dann in die Form füllen, glattstreichen und nochmals zugedeckt etwa 30 Minuten gehen lassen, bis sich das Volumen um etwa ein Drittel vergrößert hat. Die beiseitegelegten Mandeln und Pistazien auf das Brot legen beziehungsweise streuen und etwas andrücken.
• Inzwischen den Backofen auf 200° vorheizen. Die Form in den Ofen (Mitte) schieben und das Brot in 25–30 Minuten goldbraun backen (Umluft: 180°).
• Die Form 5 Minuten im ausgeschalteten Ofen stehenlassen, dann herausnehmen, die Oberfläche des Brotes mit kaltem Wasser besprühen, das Brot in der Form etwas abkühlen lassen, vorsichtig herausnehmen und auf einem Kuchengitter ganz abkühlen lassen.
• Das Frühstücksbrot schmeckt frisch oder am nächsten Tag, mit Butter bestrichen.

Ganz einfach

Milch-Butter-Toastbrot

Bild 2. Umschlagseite

Zutaten für eine Kastenform von 26 cm Länge:
400 g Weizen · ¾ Würfel Hefe (30 g) ·
1 Eßl. flüssiger Honig · 200 ccm lauwarme Milch · 1 Teel. Meersalz · 1 Eigelb · 50 g weiche Butter
Für die Form: Butter

Bei 16 Scheiben pro Scheibe etwa 500 kJ/ 120 kcal
4 g Eiweiß · 5 g Fett · 17 g Kohlenhydrate · 3 g Ballaststoffe

Vorbereitungszeit: etwa 25 Minuten
Ruhezeit: etwa 45 Minuten
Backzeit: etwa 35 Minuten

• Den Weizen zu feinem Mehl mahlen und das Mehl in eine Rührschüssel füllen. In die Mitte eine Mulde drücken, die Hefe hineinbröckeln und den Honig auf die Hefe geben. 1–2 Minuten warten, bis sich die Hefe aufgelöst hat.
• Die lauwarme Milch dazugießen und mit der Hefe sowie etwas Mehl vom Muldenrand zu einem dünnen Brei verrühren. Den Vorteig, mit einem Tuch bedeckt, etwa 15 Minuten an einem warmen Platz gehen lassen.
• Dann das Salz, das Eigelb und die Butter in Flöckchen zum Vorteig geben und alles mit dem Mehl zu einem geschmeidigen Hefeteig verarbeiten, zuerst rühren, dann mit der Hand oder den Knethaken des elektrischen Handrührgerätes oder der Küchenmaschine kneten, bis alles Mehl von der Flüssigkeit aufgenommen worden ist. Den Teig zugedeckt 15–20 Minuten gehen lassen.
• Den Teig nochmals gründlich kneten. Sollte er zu fest sein, etwas Wasser hinzufügen. Sollte er so weich sein, daß er sich nicht vom Schüsselrand löst, etwas Weizenvollkornmehl hineinkneten.
• Die Form einfetten. Den Teig zu einem Strang in der Länge der Form rollen, in die Form legen, plattdrücken und nochmals zugedeckt etwa 15 Minuten gehen lassen, bis sich das Volumen um etwa ein Drittel vergrößert hat.
• Inzwischen den Backofen auf 220° vorheizen. Die Form in den Ofen (Mitte) schieben und das Toastbrot in etwa 35 Minuten goldbraun backen (Umluft: 180°).

• Das Brot 10 Minuten im ausgeschalteten Ofen stehenlassen, herausnehmen, weitere 10 Minuten in der Form abkühlen lassen, dann vorsichtig aus der Form nehmen, mit kaltem Wasser besprühen und auf einem Kuchengitter abkühlen lassen.
• Das Toastbrot bleibt etwa 3 Tage frisch und schmeckt am besten zum Frühstück, in Scheiben getoastet und mit Butter und Marmelade oder Honig bestrichen oder mit Käse belegt.

Braucht etwas Zeit

Dreikorn-Malzzwieback

Zutaten für etwa 80 kleine Zwiebäcke:
100 g Gerstenmalzextrakt · ¼ l Milch · 1 Würfel Hefe · 400 g Weizen · je 50 g Hirse und Buchweizen · 50 g weiche Butter
Für das Backblech: Butter
Zum Formen: etwa 40 g Zuckerrohrgranulat
Pro Zwieback etwa 130 kJ/30 kcal
1 g Eiweiß · 1 g Fett · 5 g Kohlenhydrate · 1 g Ballaststoffe

Vorbereitungszeit: etwa 30 Minuten
Ruhezeit: etwa 50 Minuten
Backzeit: 20–25 Minuten und am nächsten Tag etwa 1 Stunde

• Das Malz mit der Milch in einem kleinen Topf unter Rühren erhitzen (nicht kochen), bis das Malz sich aufgelöst hat. Die Flüssigkeit etwas abkühlen lassen, dann die Hefe hineinbröckeln und verrühren.
• Den Weizen, die Hirse und den Buchweizen zusammen zu feinem Mehl mahlen und in eine Rührschüssel füllen. In die Mitte eine Mulde drücken, die Malz-Hefe-Milch hineingießen und mit etwas Mehl vom Muldenrand zu einem dünnen Brei verrühren. Mit einem Tuch bedeckt etwa 15 Minuten an einem warmen Platz gehen lassen.
• Die weiche Butter hinzufügen und alles zu einem geschmeidigen Hefeteig verarbeiten, zuerst rühren, dann mit der Hand oder den Knethaken des elektrischen Handrührgerätes oder der Küchenmaschine kneten, bis alles Mehl von der Flüssigkeit aufgenommen worden ist. Den Teig zugedeckt 15–20 Minuten an einem warmen Platz gehen lassen, bis sich das Volumen deutlich vergrößert hat.
• Den Teig nochmals gründlich kneten. Sollte er zu fest sein, etwas Milch dazugießen. Sollte er so weich sein, daß er sich nicht vom Schüsselrand löst, etwas Weizenvollkornmehl hineinkneten.
• Das Backblech einfetten. Den Teig in 4 gleich große Stücke teilen. Jedes Stück auf Zuckerrohrgranulat zu einer etwa 40 cm langen Rolle formen, auf das Blech legen und etwas plattdrücken. Die Rollen zugedeckt etwa 20 Minuten gehen lassen, bis sich das Volumen um etwa ein Drittel vergrößert hat.
• Inzwischen den Backofen auf 200° vorheizen. Das Blech in den Ofen (Mitte) schieben und die Rollen in 20–25 Minuten goldbraun backen (Umluft: 180°).
• Die Rollen auf einem Kuchengitter abkühlen lassen.
• Die Zwiebackbrote am nächsten Tag schräg in etwa 1½ cm dicke Scheiben schneiden. Den Backofen auf 120° vorheizen. Die Scheiben auf einen Rost legen, in den Ofen (Mitte) schieben und etwa 1 Stunde backen, bis sie hell goldbraun, knusprig und trocken sind (Umluft: 150°, 30–45 Minuten).
• Auf einem Kuchengitter oder dem Rost gut auskühlen lassen.
• In einer verschlossenen Blechdose bleiben die Zwiebäcke bis zu 4 Wochen frisch und schmecken am besten pur oder mit Butter, Quark, Honig oder Marmelade bestrichen.

Nicht ganz einfach

Brioches

Dieses feine französische Frühstücksgebäck wird mit Dinkelmehl besonders locker und vollwertig.

Zutaten für 1 Briocheform von etwa 1½ l Inhalt oder für 6 kleine Briocheförmchen:
300 g Dinkel · 1 Messerspitze Meersalz · 50 ccm Milch · 1 Eßl. Honig · ½ Würfel Hefe · 3 Eier · 125 g weiche Butter
Für die Form oder die Förmchen: Butter
Bei 6 Stücken pro Stück etwa 1600 kJ/380 kcal
10 g Eiweiß · 24 g Fett · 33 g Kohlenhydrate · 6 g Ballaststoffe

Vorbereitungszeit: etwa 15 Minuten
Ruhezeit: 10–12 Stunden (über Nacht) und 30 Minuten
Backzeit: 30–35 Minuten (große Form) oder 20–25 Minuten (kleine Förmchen)

- Den Dinkel zu feinem Mehl mahlen und mit dem Salz in eine Rührschüssel füllen.
- Die Milch mit dem Honig erhitzen, bis der Honig sich aufgelöst hat und die Milch handwarm ist. Den Topf vom Herd nehmen, die Hefe hineinbröckeln und knapp 5 Minuten warten, bis sich die Hefe aufgelöst hat, dabei gelegentlich umrühren.
- Die Hefemilch über das Mehl gießen, die Eier sowie etwa ein Viertel der weichen Butter hinzufügen und alles zu einem weichen Teig verrühren, dann die restliche weiche Butter dazugeben und alles mit den Knethaken des elektrischen Handrührgerätes oder der Küchenmaschine (Küchenmaschine: mittlere Geschwindigkeit) 5 Minuten durchkneten oder von Hand mit einem Rührlöffel aus Holz knapp 10 Minuten kräftig abschlagen. Den Teig in einer großen Schüssel zugedeckt für 10–12 Stunden (über Nacht) in den Kühlschrank stellen.
- Am nächsten Morgen die Form oder die Förmchen einfetten.
- Den Teig aus dem Kühlschrank nehmen, noch einmal gut durchkneten und etwa vier Fünftel vom Teig in die Form füllen beziehungsweise in die Förmchen verteilen. Aus dem restlichen Teig mit nassen Händen eine große Kugel oder sechs kleine Kugeln formen und die Kugel(n) jeweils in die Mitte der Form (Förmchen) legen. Die Brioches zugedeckt 20–30 Minuten an einem warmen Platz gehen lassen, bis sich das Volumen um etwa ein Drittel vergrößert hat.

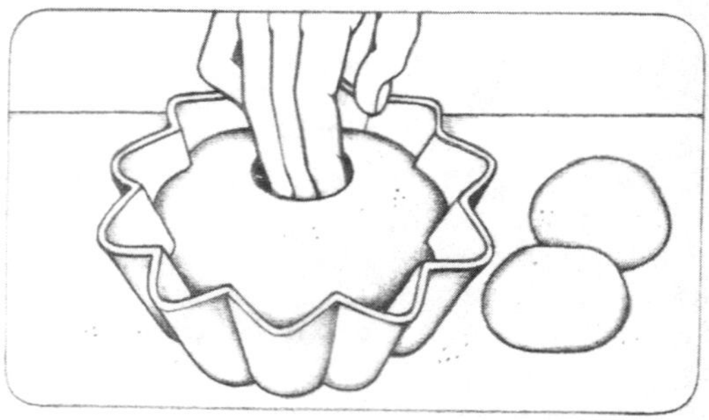

Damit die Teigkugel auf dem Briocheteig in der Form gut liegenbleibt, kann man in der Mitte eine Vertiefung eindrücken.

- Die Form oder die Förmchen in den kalten Backofen (Mitte) schieben und die Brioches bei 220° in 30–35 Minuten (große Form) beziehungsweise 20–25 Minuten (kleine Förmchen) goldbraun backen (Umluft: 190°).
- Die Brioches aus dem Backofen nehmen, in der Form abkühlen lassen, bis sie lauwarm sind, herausnehmen und sofort servieren. Man bricht oder schneidet Stücke vom Gebäck ab und belegt sie lediglich mit Honig oder fruchtiger Marmelade.

Ganz einfach

Fünfkorntoastbrot

Zutaten für eine Kastenform von 28 cm Länge:
je 200 g Weizen und Dinkel · je 50 g Roggen, Buchweizen und Hirse · 50 g puderfeines Vollsojamehl · 1 Würfel Hefe · 1 Eßl. flüssiger Honig · 200 ccm lauwarmes Wasser · 200 g Sahne · 2 Teel. Meersalz
Für die Form: Butter
Bei 18 Scheiben pro Scheibe etwa 810 kJ/ 190 kcal
6 g Eiweiß · 9 g Fett · 23 g Kohlenhydrate · 4 g Ballaststoffe

Vorbereitungszeit: etwa 25 Minuten
Ruhezeit: etwa 45 Minuten
Backzeit: 30–35 Minuten

- Den Weizen, den Dinkel, den Roggen, den Buchweizen und die Hirse zu feinem Mehl mahlen und mit dem Sojamehl in eine Rührschüssel füllen. In die Mitte eine Mulde drücken, die Hefe hineinbröckeln und den Honig auf die Hefe geben. 1–2 Minuten warten, bis sich die Hefe aufgelöst hat.
- Das lauwarme Wasser sowie die Sahne dazugießen, dann mit der Hefe und etwas Mehl vom Muldenrand zu einem dünnen Brei verrühren. Den Vorteig, mit einem Tuch bedeckt, etwa 15 Minuten an einem warmen Platz gehen lassen.
- Dann das Salz hinzufügen und alles zu einem geschmeidigen Hefeteig verarbeiten, zuerst rühren, dann mit der Hand oder den Knethaken des elektrischen Handrührgerätes oder der Küchenmaschine kneten, bis alles Mehl von der Flüssigkeit aufgenommen worden ist. Den Teig zugedeckt 15–20 Minuten gehen lassen.
- Den Teig nochmals gründlich kneten. Sollte er zu fest sein, etwas Wasser hinzufügen. Sollte er so weich sein, daß er sich nicht vom Schüsselrand löst, etwas Weizenvollkornmehl hineinkneten.
- Die Form einfetten. Den Teig in die Form füllen, mit einem Teigschaber glattstreichen und nochmals zugedeckt etwa 15 Minuten gehen lassen, bis sich das Volumen um etwa ein Drittel vergrößert hat.
- Inzwischen den Backofen auf 220° vorheizen. Das Brot in den Ofen (Mitte) schieben und in 30–35 Minuten goldbraun backen (Umluft: 180°).
- Das Brot 5 Minuten im ausgeschalteten Ofen stehenlassen, herausnehmen, weitere 10 Minuten in der Form abkühlen lassen, aus der Form nehmen, mit kaltem Wasser besprühen und auf einem Kuchengitter endgültig abkühlen lassen.
- Das Toastbrot bleibt etwa 5 Tage frisch und schmeckt am besten in Scheiben getoastet und mit Butter und Marmelade oder Honig bestrichen oder mit Käse belegt.

Preiswert

Kartoffeltoastbrot

Wenn in Notzeiten das Mehl knapp wurde, hat man es oft erfolgreich mit Kartoffeln gestreckt. Ein Brot mit Kartoffeln ist besonders leicht und gut verdaulich und schmeckt wirklich – nicht nur in Notzeiten.

Zutaten für eine Kastenform von 28 cm Länge:
600 g mehlig kochende Kartoffeln · 400 g Weizen · 50 g puderfeines Vollsojamehl · 1 Teel. Meersalz · 1 Messerspitze Muskatnuß, frisch gerieben · 1 Würfel Hefe · 1 Teel. flüssiger Honig · etwa 200 ccm lauwarmes Wasser
Für die Form: Butter

Bei 25 Scheiben pro Scheibe etwa 330 kJ/
80 kcal
4 g Eiweiß · 1 g Fett · 14 g Kohlenhydrate ·
3 g Ballaststoffe

Garzeit für die Kartoffeln: etwa 30 Minuten
Vorbereitungszeit: etwa 35 Minuten
Ruhezeit: etwa 35 Minuten
Backzeit: etwa 45 Minuten

- Die Kartoffeln in der Schale weich kochen, mit kaltem Wasser abschrecken, schälen und sofort durch eine Kartoffelpresse drücken oder sehr fein reiben.
- Den Weizen zu feinem Mehl mahlen und mit dem Sojamehl, dem Salz, dem Muskat und der Kartoffelmasse in einer Rührschüssel mischen. In die Mitte eine Mulde drücken, die Hefe hineinbröckeln und den Honig auf die Hefe geben. 1–2 Minuten warten, bis sich die Hefe aufgelöst hat.
- Die Hälfte des lauwarmen Wassers dazugießen und mit der Hefe und etwas Mehl vom Muldenrand zu einem dünnen Brei verrühren. Den Vorteig, mit einem Tuch bedeckt, etwa 10 Minuten an einem warmen Platz gehen lassen.
- Dann alles zu einem geschmeidigen Hefeteig verarbeiten, zuerst rühren, dann mit der Hand oder den Knethaken des elektrischen Handrührgerätes oder der Küchenmaschine kneten, bis alles Mehl von der Flüssigkeit aufgenommen worden ist. Dabei eventuell (je nach Wassergehalt der Kartoffeln) noch so viel Mehl hinzufügen, wie der Teig aufnimmt; er sollte weich und elastisch sein. Den Teig zugedeckt 15 Minuten gehen lassen.
- Den Teig nochmals gründlich kneten. Die Form einfetten. Den Teig zu einer etwa 28 cm langen Rolle formen, in die Form legen, plattdrücken und nochmals zugedeckt etwa 10 Minuten gehen lassen, bis sich das Volumen um etwa ein Drittel vergrößert hat.
- Inzwischen den Backofen auf 220° vorheizen. Die Form in den Ofen (Mitte) schieben und das Brot in etwa 45 Minuten goldbraun backen (Umluft: 190°).
- Das Brot 5 Minuten im ausgeschalteten Ofen stehen lassen, herausnehmen, weitere 5 Minuten in der Form abkühlen lassen, aus der Form nehmen, mit kaltem Wasser besprühen und auf einem Kuchengitter ganz abkühlen lassen.
- Das Kartoffeltoastbrot bleibt etwa 3 Tage frisch und schmeckt am besten in Scheiben getoastet, auch in der Pfanne geröstet oder in Butter gebraten und mit Butter und/oder fruchtiger Marmelade bestrichen oder mit Harzer Käse oder Rührei belegt.

So gelingt diese Spezialität aus dem Baltikum Schritt für Schritt (von links nach rechts): Die Hefe in der Mehlmulde mit Honig und den anderen Vorteigzutaten verrühren. Den Vorteig an warmem Platz gehen lassen. Den Teig mit den Knethaken gründlich kneten. Die Brötchen mit Ei bestreichen. Den Kümmel daraufstreuen und die Butterstückchen daraufsetzen. Die Kümmelkuckel goldbraun backen. Rezept Seite 62. ▷

Besonderes aus dem Brotkorb

Über das tägliche Brot und das Frühstücksgebäck hinaus haben Brotgenießer manchmal noch spezielle Wünsche. Wenn Besuch kommt oder an Feiertagen soll auch im Brotkorb Besonderes liegen.
Skeptische Gäste, die auf Begriffe wie »Vollwert« und »Vollkorn« allergisch reagieren oder die bei dem Wort »selbstgebacken« an »Steine aus Mehl« denken, sollten Sie mit Genüssen aus diesem Kapitel überrumpeln – und überzeugen. Ein perfekt geratenes Nußbrot zum Beispiel mit einer feinen Käseplatte oder lockere würzige Roggenbrötchen zu Bier oder Wein werden Ihnen bestimmt Komplimente einbringen.
Besonderes aus der eigenen Backstube schließt auch Brot aus nicht alltäglichen Getreidesorten ein wie Dinkel, Gerste oder Hafer, mit denen wir uns ab und zu verwöhnen und der Gesundheit etwas Gutes tun können.

Etwas teurer

Dinkelbrot

Dinkelbrot ist eine Delikatesse. Es wird sehr locker, elastisch und schnittfest, hat ein feines Aroma und ist wegen seines Mineralstoffreichtums besonders wertvoll.

◁ Der Geschmack des köstlichen Nußbrotes wird jeden Feinschmecker begeistern. Verschiedene Käsesorten passen besonders gut dazu. Rezept Seite 58.

Zutaten für eine Kastenform von 26 cm Länge:
500 g Dinkel · 1 Würfel Hefe · 2 Teel. flüssiger Honig · 300 ccm lauwarmes Wasser · 1½ Teel. Meersalz
Für die Form: Butter

Bei 19 Scheiben pro Scheibe etwa 390 kJ/ 95 kcal
4 g Eiweiß · 1 g Fett · 18 g Kohlenhydrate · 3 g Ballaststoffe

Vorbereitungszeit: etwa 25 Minuten
Ruhezeit: etwa 45 Minuten
Backzeit: 30–35 Minuten

- Den Dinkel zu feinem Mehl mahlen und in eine Rührschüssel füllen. In die Mitte eine Mulde drücken, die Hefe hineinbröckeln und den Honig auf die Hefe geben. 1–2 Minuten warten, bis sich die Hefe aufgelöst hat.
- Das lauwarme Wasser dazugießen und mit der Hefe und etwas Mehl vom Muldenrand zu einem dünnen Brei verrühren. Den Vorteig, mit einem Tuch bedeckt, etwa 15 Minuten an einem warmen Platz gehen lassen.
- Dann das Salz hinzufügen und alles zu einem geschmeidigen Hefeteig verarbeiten, zuerst rühren, dann mit der Hand oder den Knethaken des elektrischen Handrührgerätes oder der Küchenmaschine kneten, bis alles Mehl von der Flüssigkeit aufgenommen worden ist. Den Teig zugedeckt 15–20 Minuten gehen lassen.
- Den Teig nochmals gründlich kneten. Sollte er zu fest sein, etwas Wasser dazugießen. Sollte er so weich sein, daß er sich nicht vom Schüsselrand löst, etwas Dinkelmehl hineinkneten.
- Die Form einfetten. Den Teig in die Form füllen, mit einem Teigschaber glattstreichen und nochmals zugedeckt etwa 15 Minuten gehen lassen, bis sich das Volumen um etwa ein Drittel vergrößert hat.
- Inzwischen den Backofen auf 220° vorheizen. Die Form in den Ofen (unten) schieben und das

Brot in 30–35 Minuten goldbraun backen (Umluft: 190°).

- Das Brot 10 Minuten im ausgeschalteten Ofen stehenlassen, herausnehmen, weitere 10 Minuten in der Form abkühlen lassen, dann aus der Form nehmen, mit kaltem Wasser besprühen und auf einem Kuchengitter vollständig abkühlen lassen.
- Das Dinkelbrot bleibt etwa 5 Tage frisch und schmeckt am besten mit Butter und/oder Frischkäse oder anderen sehr milden Käsesorten.

Ganz einfach

Gerstenbrot

Gerste eignet sich normalerweise nicht zum Brotbacken, da sie nur wenig Klebereiweiß enthält. Bei Verwendung von Backferment kann man einen relativ großen Teil der Mehlmenge dennoch durch solche kleberarmen Getreidearten ersetzen und ein Brot mit diesem gesunden Getreide genießen.

Zutaten für eine Brotform von 30 cm Länge:
Für den Vorteig, 1. Stufe (mindestens 39 Stunden vor dem Backen):
250 g Roggen · 2 Teel. Backfermentpulver · ½ l lauwarmes Wasser · 2 Eßl. flüssiger Honig

- Den Roggen zu feinem Mehl mahlen. Das Mehl in einer großen Schüssel mit dem Backferment mischen und mit dem lauwarmen Wasser sowie dem Honig verrühren. Die Schüssel zugedeckt für 24 Stunden an einen mindestens 24° warmen Platz stellen, danach sollte der Teig deutlich sichtbar gegoren sein, das heißt, die Oberfläche sollte wie heller, lockerer Schaum aussehen.

Für den Vorteig, 2. Stufe (mindestens 15 Stunden vor dem Backen):
250 g Roggen · ¼ l lauwarmes Wasser

- Den Roggen zu feinem Mehl mahlen. Das Mehl und das lauwarme Wasser unter den Vorteig rühren und die Schüssel für weitere 12 Stunden zugedeckt warm stellen. Danach sollte die Gärung noch deutlicher erkennbar sein, das heißt, der ganze Teig sollte wie zusammengefallener Schaum aussehen und nach Brot riechen.

Für den Brotteig (mindestens 3 Stunden vor dem Backen):
300 g Gerste · 1 Eßl. gemahlener Kümmel · 2 Teel. getrockneter, gerebelter Liebstöckel · ⅜ l kochendes Wasser · 500 g Weizen · 1 Eßl. Meersalz
Für die Form: Butter
Bei 35 Scheiben pro Scheibe etwa 470 kJ/ 110 kcal
4 g Eiweiß · 1 g Fett · 22 g Kohlenhydrate · 5 g Ballaststoffe

Vorbereitungszeit: etwa 30 Minuten
Quell- und Ruhezeit: etwa 3 Stunden
Backzeit: etwa 1½ Stunden

- Die Gerste zu mittelgrobem Schrot mahlen. Den Schrot mit den Gewürzen in eine Schüssel geben, mit dem kochenden Wasser übergießen und schnell verrühren. Zugedeckt etwa 1 Stunde quellen lassen.
- Den Weizen zu feinem Mehl mahlen. Den gequollenen Schrot, das Mehl und das Salz zum Vorteig geben und alles zu einem geschmeidigen, noch etwas klebrigen Teig verarbeiten, am besten mit den Knethaken eines elektrischen Handrührgerätes oder einer Küchenmaschine oder mit einem stabilen Holzlöffel von Hand.
- Die Form einfetten. Den Teig hineinfüllen, mit

einem Teigschaber glattstreichen und das Brot zugedeckt mindestens 2 Stunden gehen lassen, bis sich das Volumen um etwa ein Drittel vergrößert hat.

- Den Backofen auf 190° vorheizen oder das Brot in den kalten Backofen (unten) schieben und die Vorheizzeit zur Backzeit hinzurechnen. Das Brot etwa 1½ Stunden backen (Umluft: 170°), bis es goldbraun ist und mindestens 2 mm ringsum vom Rand der Form absteht.
- Das Brot 15 Minuten im ausgeschalteten Backofen stehenlassen, dann herausnehmen, von allen Seiten mit kaltem Wasser besprühen und auf einem Kuchengitter auskühlen lassen. Oder, falls eine »weiche« Kruste gewünscht wird, das Brot etwa 45 Minuten im ausgeschalteten Backofen stehen lassen, dann aus der Form nehmen und nur die Oberseite kurz mit kaltem Wasser besprühen.
- Das Gerstenbrot sollte erst am folgenden Tag angeschnitten werden. Es hält sich etwa 1 Woche frisch und schmeckt am besten mit Butter und Honig bestrichen oder mit Käse oder Schinken belegt.

Ganz einfach

Haferkörnerbrot

Zutaten für eine Brotform von 30 cm Länge:
Für den Vorteig, 1. Stufe (mindestens 38 Stunden vor dem Backen):
250 g Roggen · 2 Teel. Backfermentpulver · ½ l lauwarmes Wasser · 2 Eßl. flüssiger Honig

- Den Roggen zu feinem Mehl mahlen. Das Mehl in einer großen Schüssel mit dem Backferment mischen und mit dem lauwarmen Wasser sowie dem Honig verrühren. Die Schüssel zugedeckt für 24 Stunden an einen mindestens 24° warmen Platz stellen. Danach sollte der Teig deutlich sichtbar gegoren sein, das heißt, die Oberfläche sollte wie heller, lockerer Schaum aussehen.

Für den Vorteig, 2. Stufe (mindestens 14 Stunden vor dem Backen):
250 g Roggen · ¼ l lauwarmes Wasser

- Den Roggen zu feinem Mehl mahlen. Das Mehl und das lauwarme Wasser unter den Vorteig rühren und die Schüssel für weitere 12 Stunden zugedeckt warm stellen. Danach sollte die Gärung noch deutlicher erkennbar sein, das heißt, der ganze Teig sollte wie zusammengefallener Schaum aussehen und nach Brot riechen.

Für die Haferkörner (mindestens 3 Stunden vor dem Backen):
¼ l Wasser · 300 g Hafer

Das Wasser aufkochen. Die Haferkörner hineinschütten und auf der ausgeschalteten Herdplatte in 1 Stunde zugedeckt ausquellen lassen.

Für den Brotteig (mindestens 2 Stunden vor dem Backen):
700 g Weizen · 1 Eßl. Meersalz
Für die Form: Butter

Bei 37 Scheiben pro Scheibe etwa 530 kJ/ 130 kcal
5 g Eiweiß · 2 g Fett · 24 g Kohlenhydrate · 5 g Ballaststoffe

Vorbereitungszeit: etwa 30 Minuten
Quell- und Ruhezeit: etwa 2 Stunden
Backzeit: etwa 1¼ Stunden

- Den Weizen zu feinem Mehl mahlen. Das Mehl, das Salz und die ausgequollenen Haferkörner zum Vorteig geben und alles zu einem geschmeidigen, noch etwas klebrigen Teig verarbeiten, am besten mit den Knethaken eines elektrischen Handrührgerätes oder einer Küchenmaschine oder mit einem stabilen Holzlöffel von Hand.

• Die Form einfetten. Den Teig hineinfüllen, mit einem Teigschaber glattstreichen und das Brot zugedeckt mindestens 2 Stunden gehen lassen, bis sich das Volumen um etwa ein Drittel vergrößert hat.

• Den Backofen auf 190° vorheizen oder das Brot in den kalten Backofen (unten) schieben und die Vorheizzeit zur Backzeit hinzurechnen. Das Brot etwa 1¼ Stunden backen (Umluft: 170°), bis es goldbraun und mindestens 2 mm ringsum kleiner geworden ist, das heißt, vom inneren Formrand absteht.

• Das Brot 15 Minuten im ausgeschalteten Backofen stehen lassen, dann aus der Form nehmen, von allen Seiten mit kaltem Wasser besprühen und auf einem Kuchengitter auskühlen lassen. Oder, falls eine »weiche« Kruste gewünscht wird, das Brot etwa 45 Minuten im ausgeschalteten Backofen stehen lassen, dann aus der Form nehmen und nur die Oberseite kurz mit kaltem Wasser besprühen.

• Das Haferbrot sollte erst am folgenden Tag angeschnitten werden. Es hält sich, wenn es kühl und luftig gelagert wird, bis zu 2 Wochen frisch und schmeckt am besten mit Butter und Honig bestrichen oder mit Käse, zum Beispiel Camembert, belegt.

Variante: Weizenkörnerbrot
Statt der Haferkörner Weizenkörner in die doppelte Menge kochendes Wasser schütten, 5 Minuten kochen und auf der ausgeschalteten Herdplatte ausquellen lassen, auf einem Sieb sehr gut abtropfen lassen, dann wie beim Haferbrot verarbeiten.

Etwas teurer

Nußbrot

Bild Seite 54

Durch die Kombination von Backferment und Hefe entsteht ein besonders lockeres Brot, das die Bekömmlichkeit und Schnittfestigkeit von Backfermentbrot mit der Leichtigkeit von Hefebroten verbindet.

Zutaten für eine Brotform von 30 cm Länge:
Für den Vorteig, 1. Stufe (mindestens 38 Stunden vor dem Backen):
250 g Roggen · 2 Teel. Backfermentpulver · ½ l lauwarmes Wasser · 2 Eßl. flüssiger Honig

• Den Roggen zu feinem Mehl mahlen. Das Mehl in einer großen Schüssel mit dem Backferment mischen und mit dem lauwarmen Wasser sowie dem Honig verrühren. Die Schüssel zugedeckt für 24 Stunden an einen mindestens 24° warmen Platz stellen. Danach sollte der Teig deutlich sichtbar gegoren sein, das heißt, die Oberfläche sollte wie heller, lockerer Schaum aussehen.

Für den Vorteig, 2. Stufe (mindestens 14 Stunden vor dem Backen):
250 g Roggen · ¼ l lauwarmes Wasser

• Den Roggen zu feinem Mehl mahlen. Das Mehl und das lauwarme Wasser unter den Vorteig rühren und die Schüssel für weitere 12 Stunden zugedeckt warm stellen. Danach sollte die Gärung noch deutlicher erkennbar sein, das heißt, der ganze Teig sollte wie zusammengefallener Schaum aussehen und nach Brot riechen.

Für den Brotteig (mindestens 2 Stunden vor dem Backen):

200 g Walnußkerne · 1 Würfel Hefe · 1 Eßl. flüssiger Honig · 700 g Weizen · 1 Teel. Koriandersamen · 1 Eßl. Meersalz
Für die Form: Butter
Bei 40 Scheiben pro Scheibe etwa 520 kJ/ 120 kcal
4 g Eiweiß · 4 g Fett · 19 g Kohlenhydrate · 4 g Ballaststoffe

Vorbereitungszeit: etwa 20 Minuten
Ruhezeit: etwa 2 Stunden
Backzeit: etwa 1 Stunde

• Die Nüsse in einer trockenen schweren Pfanne unter Wenden leicht rösten, bis sie »knistern« und etwas dunkler geworden sind. Die Nüsse grobhacken.
• Die Hefe auf den Vorteig bröckeln, den Honig darübergeben und 1–2 Minuten warten, bis sich die Hefe aufgelöst hat.
• Den Weizen mit dem Koriander zu feinem Mehl mahlen.
• Das Mehl mit dem Koriander, das Salz und die Nüsse zum Vorteig geben und alles zu einem geschmeidigen Teig verarbeiten, am besten mit den Knethaken eines elektrischen Handrührgerätes oder einer Küchenmaschine oder mit einem stabilen Holzlöffel von Hand.
• Die Form einfetten. Den Teig hineinfüllen, mit einem Teigschaber glattstreichen und zugedeckt mindestens 2 Stunden gehen lassen, bis sich das Volumen um etwa ein Drittel vergrößert hat.
• Den Backofen auf 200° vorheizen oder das Brot in den kalten Backofen (unten) schieben und die Vorheizzeit zur Backzeit hinzurechnen. Das Brot etwa 1 Stunde backen (Umluft: 180°), bis es goldbraun und mindestens 2 mm ringsum kleiner geworden ist, das heißt, vom inneren Formrand absteht.
• Das Brot 15 Minuten im ausgeschalteten Backofen stehenlassen, aus der Form nehmen, von allen Seiten mit kaltem Wasser besprühen und auf einem Kuchengitter auskühlen lassen. Oder, falls eine »weiche« Kruste gewünscht wird, das Brot etwa 45 Minuten im ausgeschalteten Backofen stehenlassen, aus der Form nehmen und nur die Oberseite kurz mit kaltem Wasser besprühen.
• Das Nußbrot hält sich etwa 1 Woche frisch und paßt besonders gut zu einer Käseplatte.

Variante: Vollkornmischbrot mit Kümmel
Den Teig ohne die Nüsse wie oben verarbeiten. Statt des Korianders gemahlene Kümmelsamen verwenden.

Braucht etwas Zeit

Pilzbrot

Zutaten für eine Brotform von 30 cm Länge:
Für den Vorteig, 1. Stufe (mindestens 39 Stunden vor dem Backen):
250 g Roggen · 2 Teel. Backfermentpulver · ½ l lauwarmes Wasser · 2 Eßl. flüssiger Honig

• Den Roggen zu feinem Mehl mahlen. Das Mehl in einer großen Schüssel mit dem Backferment mischen und mit dem lauwarmen Wasser und dem Honig verrühren. Die Schüssel zugedeckt für 24 Stunden an einen mindestens 24° warmen Platz stellen. Danach sollte der Teig deutlich sichtbar gegoren sein, das heißt, die Oberfläche sollte wie heller, lockerer Schaum aussehen.

Für den Vorteig, 2. Stufe (mindestens 15 Stunden vor dem Backen):
250 g Roggen · ¼ l lauwarmes Wasser

• Den Roggen zu feinem Mehl mahlen. Das Mehl und das lauwarme Wasser unter den Vorteig rühren und die Schüssel für weitere 12 Stunden zugedeckt warm stellen. Danach sollte die Gärung noch deutlicher erkennbar sein, das heißt, der ganze Teig sollte wie zusammengefallener Schaum aussehen und nach Brot riechen.

Für die Pilzmischung (etwa 3 Stunden vor dem Backen):
25 g getrocknete Steinpilze · 200 ccm kochendes Wasser · 2 Zwiebeln · 50 g Butter · 2 Messerspitzen schwarzer Pfeffer, frisch gemahlen · 3 Eßl. Petersilie, frisch feingehackt

• Die Pilze mit dem kochenden Wasser übergießen und knapp 1 Stunde quellen lassen.
• Die Zwiebeln schälen, würfeln und in der Butter hell goldbraun braten. Inzwischen die Pilze aus dem Einweichwasser nehmen, grobhacken und mit der Flüssigkeit sowie dem Pfeffer zu den Zwiebelwürfeln geben. Alles zusammen so lange kochen, bis die Flüssigkeit verdampft ist.
• Die Petersilie hinzufügen und die Mischung vom Herd nehmen.

Für den Brotteig (mindestens 2 Stunden vor dem Backen):
1 Würfel Hefe · 1 Eßl. flüssiger Honig · 700 g Weizen · 1 Eßl. Meersalz
Für die Form: Butter
Bei 40 Scheiben pro Scheibe etwa 440 kJ/ 100 kcal
4 g Eiweiß · 2 g Fett · 19 g Kohlenhydrate · 4 g Ballaststoffe

Vorbereitungszeit: etwa 20 Minuten
Ruhezeit: etwa 2 Stunden
Backzeit: etwa 1 Stunde

• Die Hefe auf den Vorteig bröckeln, den Honig darübergeben und 1–2 Minuten warten, bis sich die Hefe aufgelöst hat.
• Den Weizen zu feinem Mehl mahlen. Das Mehl, das Salz und die Pilzmischung zum Vorteig geben und alles zu einem geschmeidigen Teig verarbeiten, am besten mit den Knethaken eines elektrischen Handrührgerätes oder einer Küchenmaschine oder mit einem stabilen Holzlöffel von Hand.
• Die Form einfetten. Den Teig hineinfüllen, mit einem Teigschaber glattstreichen und das Brot zugedeckt mindestens 2 Stunden gehen lassen, bis sich das Volumen um etwa ein Drittel vergrößert hat.
• Den Backofen auf 200° vorheizen oder das Brot in den kalten Backofen (unten) schieben und die Vorheizzeit zur Backzeit hinzurechnen. Das Brot etwa 1 Stunde backen (Umluft: 180°), bis es goldbraun und mindestens 2 mm ringsum kleiner geworden ist, das heißt, vom inneren Formrand absteht.
• Das Brot 15 Minuten im ausgeschalteten Backofen stehenlassen, dann aus der Form nehmen, von allen Seiten mit kaltem Wasser besprühen und auf einem Kuchengitter auskühlen lassen. Oder, falls eine »weiche« Kruste gewünscht wird, das Brot etwa 45 Minuten im ausgeschalteten Backofen stehenlassen, dann aus der Form nehmen und nur die Oberseite kurz mit kaltem Wasser besprühen.
• Das Pilzbrot hält sich etwa 1 Woche frisch und schmeckt mit Butter und/oder Schinken.

Braucht etwas Zeit

Früchtebrot

Zutaten für eine Kastenform von 32 cm Länge:
Für den Vorteig, 1. Stufe (mindestens 39 Stunden vor dem Backen):
125 g Roggen · 1 Teel. Backfermentpulver · ¼ l lauwarmes Wasser · 1 Eßl. flüssiger Honig

• Den Roggen zu feinem Mehl mahlen. Das Mehl in einer großen Schüssel mit dem Backferment mischen und mit dem lauwarmen Wasser sowie dem Honig verrühren. Die Schüssel zugedeckt für 24 Stunden an einen mindestens 24° warmen Platz stellen. Danach sollte der Teig deutlich sichtbar gegoren sein, das heißt, die Oberfläche sollte wie heller, lockerer Schaum aussehen.

Für den Vorteig, 2. Stufe (mindestens 15 Stunden vor dem Backen):
125 g Roggen · ⅛ l lauwarmes Wasser

• Den Roggen zu feinem Mehl mahlen. Das Mehl und das lauwarme Wasser unter den Vorteig rühren und die Schüssel für weitere 12 Stunden zugedeckt warm stellen. Danach sollte die Gärung noch deutlicher erkennbar sein, das heißt, der ganze Teig sollte wie zusammengefallener Schaum aussehen und nach Brot riechen.

Für die Fruchtmischung (etwa 12 Stunden vor dem Backen):
150 g getrocknete Feigen · je 100 g Trockenpflaumen ohne Stein, Rosinen und Korinthen · 50 g getrocknete Aprikosen · 6 Schnapsgläser Obstgeist (12 cl)

• Alle Trockenfrüchte waschen, gut abtropfen lassen und in einer Schüssel mit dem Obstgeist übergießen. Die Früchte gut zugedeckt etwa 12 Stunden (über Nacht) quellen lassen.
• Am nächsten Tag die Feigen, Pflaumen und Aprikosen grobhacken, dabei von den Feigen die Stengelansätze entfernen.

Für den Brotteig (etwa 3 Stunden vor dem Backen):
350 g Weizen · 100 g Haselnußkerne · 40 g puderfeines Vollsojamehl · 1 Teel. gemahlener Anis · ½ Teel. Zimtpulver · 1 Prise gemahlene Nelken
Für die Form: Butter
Bei 30 Scheiben pro Scheibe etwa 410 kJ/ 95 kcal
3 g Eiweiß · 3 g Fett · 17 g Kohlenhydrate · 4 g Ballaststoffe

Vorbereitungszeit: etwa 40 Minuten
Ruhezeit: etwa 3 Stunden
Backzeit: etwa 1 Stunde

• Den Weizen zu feinem Mehl mahlen. Die vorbereiteten Trockenfrüchte und die Haselnußkerne, das Mehl, das Sojamehl sowie die Gewürze zum Vorteig geben und alles zu einem geschmeidigen, noch etwas klebrigen Teig verarbeiten, am besten mit den Knethaken eines elektrischen Handrührgerätes oder einer Küchenmaschine oder mit einem stabilen Holzlöffel von Hand.
• Die Form einfetten. Den Teig hineinfüllen, mit einem Teigschaber glattstreichen und das Brot zugedeckt etwa 3 Stunden gehen lassen, bis sich das Volumen um etwa ein Drittel vergrößert hat.
• Den Backofen auf 190° vorheizen oder das Brot in den kalten Backofen (unten) schieben und die Vorheizzeit zur Backzeit hinzurechnen. Das Brot etwa 1 Stunde backen (Umluft: 170°), bis es goldbraun und mindestens 2 mm ringsum kleiner geworden ist, das heißt, vom inneren Formrand absteht.
• Das Brot 15 Minuten im ausgeschalteten Backofen stehenlassen, dann herausnehmen, von allen Seiten mit kaltem Wasser besprühen und auf einem Kuchengitter auskühlen lassen.
• Das Früchtebrot bleibt etwa 14 Tage frisch und schmeckt am besten mit Butter bestrichen.

Ganz einfach

Kümmelkuckel

Bild Seite 53

Der lustige Name und das Gebäck stammen aus dem Baltikum, wo diese lockeren Brötchen, allerdings aus Weißmehl, früher in großen Mengen und bei allen möglichen Gelegenheiten verspeist wurden. Ihr Reiz liegt in der gelungenen Kombination von leicht süßlichem Hefeteig mit Butter und Kümmel und eventuell etwas Salz.

Zutaten für 12 Stück:
400 g Weizen · 1 Messerspitze Meersalz · 1 Würfel Hefe · 1 Eßl. flüssiger Honig · 1 Eßl. Zuckerrohrgranulat · 200 ccm lauwarme Milch · 50 g weiche Butter
Für das Backblech: Butter
Zum Bestreichen: 1 kleines Ei
Zum Bestreuen: etwa 1 Eßl. Kümmelsamen · eventuell 2 Teel. grobes Salz
Zum Belegen: etwa 30 g kalte Butter
Pro Brötchen etwa 770 kJ/180 kcal
6 g Eiweiß · 8 g Fett · 23 g Kohlenhydrate · 4 g Ballaststoffe

Vorbereitungszeit: etwa 30 Minuten
Ruhezeit: etwa 45 Minuten
Backzeit: etwa 20 Minuten

- Den Weizen zu feinem Mehl mahlen und mit dem Salz in eine Rührschüssel geben. In die Mitte eine Mulde drücken, die Hefe hineinbrökkeln, den Honig und das Zuckerrohrgranulat auf die Hefe geben und 1–2 Minuten warten, bis sich die Hefe aufgelöst hat.
- Die lauwarme Milch dazugießen und mit der Hefe und etwas Mehl vom Muldenrand zu einem dünnen Brei verrühren. Den Vorteig, mit einem Tuch bedeckt, etwa 15 Minuten an einem warmen Platz gehen lassen.
- Die weiche Butter hinzufügen und alles zu einem geschmeidigen Hefeteig verarbeiten, zuerst rühren, dann mit der Hand oder den Knethaken des elektrischen Handrührgerätes oder der Küchenmaschine kneten, bis alles Mehl aufgenommen worden ist. Den Teig 15–20 Minuten zugedeckt gehen lassen.
- Den Teig nochmals gründlich kneten, in 4 gleich große Stücke und diese nochmals in 3 gleich große Stücke teilen. Jedes Stück zu einer Kugel formen.
- Das Backblech einfetten. Den Backofen auf 220° vorheizen. Die Teigkugeln auf das Blech legen und etwas plattdrücken. Das Ei verquirlen und die Brötchen damit bestreichen, anschließend mit reichlich Kümmel und eventuell etwas grobem Salz bestreuen. Die Brötchen nochmals, mit einem Tuch bedeckt, 10–15 Minuten gehen lassen, bis sich das Volumen um etwa ein Drittel vergrößert hat.
- Mit dem Finger in die Mitte jedes Brötchens eine tiefe Mulde drücken und je 1 großes Butterflöckchen hineinsetzen.
- Das Blech in den Backofen (Mitte) schieben und die Brötchen in etwa 20 Minuten goldbraun backen (Umluft: 190°).
- Die Brötchen noch 5 Minuten im ausgeschalteten Ofen stehen lassen. Dann herausnehmen, mit kaltem Wasser besprühen und auf einem Kuchengitter abkühlen lassen.
- Die Kümmelkuckel schmecken am besten frisch, mit Butter bestrichen, zum Beispiel auch als Kaffeegebäck.

Ganz einfach

Sojazopf

Zutaten für 1 Zopf:
650 g Weizen · 1 Teel. Bockshornkleesamen · 100 g puderfeines Vollsojamehl · 1 Würfel Hefe · 2 Teel. flüssiger Honig · ¼ l Sahne · ¼ l lauwarmes Wasser · 250 g Magerquark · 2 Teel. Meersalz
Für das Backblech: Butter
Zum Ausrollen: 70 g Sojaschrot
Bei 28 Scheiben pro Scheibe etwa 580 kJ/ 140 kcal
7 g Eiweiß · 5 g Fett · 17 g Kohlenhydrate · 4 g Ballaststoffe

Vorbereitungszeit: etwa 30 Minuten
Ruhezeit: etwa 55 Minuten
Backzeit: 30–35 Minuten

• Den Weizen mit den Bockshornkleesamen zu feinem Mehl mahlen und in einer Rührschüssel mit dem Sojamehl mischen. In die Mitte eine Mulde drücken, die Hefe hineinbröckeln und den Honig auf die Hefe geben. 1–2 Minuten warten, bis sich die Hefe aufgelöst hat.
• Die Sahne und das lauwarme Wasser dazugießen und mit der Hefe und etwas Mehl vom Muldenrand zu einem dünnen Brei verrühren. Den Vorteig, mit einem Tuch bedeckt, etwa 15 Minuten an einem warmen Platz gehen lassen.
• Den Quark und das Salz hinzufügen und alles zu einem geschmeidigen Hefeteig verarbeiten, zuerst rühren, dann mit der Hand oder den Knethaken des elektrischen Handrührgerätes oder der Küchenmaschine kneten, bis alles Mehl von der Flüssigkeit aufgenommen worden ist. Den Teig zugedeckt etwa 20 Minuten gehen lassen.
• Den Teig nochmals gründlich kneten. Sollte er zu fest sein, etwas Milch hinzufügen. Sollte er so weich sein, daß er sich nicht vom Schüsselrand löst, etwas Weizenvollkornmehl hineinkneten.
• Das Backblech einfetten. Den Teig in 3 gleich große Stücke teilen, jedes auf Sojaschrot zu einer etwa 50 cm langen Rolle formen. Aus den Teigrollen einen Zopf flechten. Den Zopf auf das Blech legen, etwas plattdrücken und zugedeckt etwa 20 Minuten gehen lassen, bis sich das Volumen um etwa ein Drittel vergrößert hat.
• Inzwischen den Backofen auf 220° vorheizen. Das Blech in den Ofen (unten) schieben und den Zopf in 30–35 Minuten goldbraun backen (Umluft: 190°).
• Den Zopf 5 Minuten im ausgeschalteten Ofen stehenlassen, dann herausnehmen, mit kaltem Wasser besprühen und auf einem Kuchengitter abkühlen lassen.
• Der Sojazopf schmeckt frisch, mit Butter und/oder Honig oder Marmelade bestrichen zum Kaffee oder zum Frühstück, aber auch am nächsten Tag als eiweißreiche Beilage zu warmen Gerichten.

Preiswert

Westfälischer Pickert

In Westfalen wird ein sehr deftiges Kartoffelbrot auch heute noch mancherorts zum Kaffee angeboten. Hier ist die Vollkornvariante. Dicke Scheiben davon kann man in Butter braten und warm essen. Sie schmecken etwa wie ein Mittelding zwischen Kartoffelpuffern und Rosinenbrot.

Zutaten für eine Kastenform von 32 cm Länge:
750 g Weizen · 1 Würfel Hefe · 1 Eßl. flüssiger Honig · ⅛ l lauwarme Milch · 1 kg mehlig ko-

chende rohe Kartoffeln, geschält gewogen · 2 Teel. Meersalz · 100 g Rosinen
Für die Form: Butter
Bei 26 Scheiben pro Scheibe etwa 560 kJ/ 130 kcal
5 g Eiweiß · 1 g Fett · 27 g Kohlenhydrate · 5 g Ballaststoffe

Vorbereitungszeit: etwa 40 Minuten
Ruhezeit: etwa 1 Stunde
Backzeit: etwa 1½ Stunden

• Den Weizen zu feinem Mehl mahlen, in eine Rührschüssel füllen und in die Mitte eine Mulde drücken. Die Hefe hineinbröckeln, den Honig auf die Hefe geben und 1-2 Minuten warten, bis sich die Hefe aufgelöst hat.
• Die lauwarme Milch dazugießen und mit der Hefe und etwas Mehl vom Muldenrand zu einem dünnen Brei verrühren. Den Vorteig, mit einem Tuch bedeckt, etwa 15 Minuten an einem warmen Platz gehen lassen.
• Die rohen Kartoffeln sehr fein reiben. Die geriebenen Kartoffeln und das Salz zum Vorteig geben. Alles zu einem geschmeidigen festen Hefeteig verarbeiten, zuerst rühren, dann mit der Hand oder den Knethaken des elektrischen Handrührgerätes oder der Küchenmaschine kneten, bis alles Mehl von der Flüssigkeit aufgenommen worden ist. Den Teig 20-25 Minuten zugedeckt gehen lassen.
• Inzwischen die Rosinen waschen und abtropfen lassen. Die abgetropften Rosinen zum Teig geben und diesen nochmals sehr gründlich kneten.
• Die Form einfetten. Den Teig in die Form füllen und mit einem Teigschaber glattstreichen. Das Brot mit einem Tuch bedeckt nochmals etwa 25 Minuten gehen lassen, bis sich das Volumen um etwa ein Drittel vergrößert hat. Den Backofen auf 200° vorheizen.
• Die Form in den Backofen (unten) schieben und das Brot in etwa 1½ Stunden goldbraun backen (Umluft: 180°).
• Das Brot noch 15 Minuten im ausgeschalteten Ofen stehenlassen. Dann herausnehmen, mit kaltem Wasser besprühen und auf einem Kuchengitter auskühlen lassen.
• Der Pickert bleibt 3-4 Tage frisch und schmeckt am besten in dicke Scheiben geschnitten, die beidseitig in Butter knusprig gebraten werden.

Schnell

Blitzbrote mit Sesam

Sie haben Appetit auf selbstgebackenes Brot, aber fast keine Zeit zum Backen? Oder Sie erwarten Besuch, der von Ihnen Vollkorn erwartet, aber die Brotvorräte sind erschöpft? Dann muß es schnell und unkompliziert gehen. Eventuell bleibt dann auch noch etwas Zeit zum Beispiel für ein Gemüsegericht, zu dem das Blitzbrot gut als Beigabe paßt.

Zutaten für etwa 6 Stück:
400 g Weizen · gut ¼ l Milch · 2 Teel. Honig · ½ Teel. Meersalz · 2 Eßl. Sesamöl · ½ Würfel Hefe
Für das Backblech: Butter
Zum Formen: 50 g ungeschälte Sesamsamen · etwa 20 g Weizenvollkornmehl
Pro Brot etwa 1500 kJ/360 kcal
12 g Eiweiß · 13 g Fett · 48 g Kohlenhydrate · 9 g Ballaststoffe

Vorbereitungszeit: etwa 15 Minuten
Ruhezeit: etwa 5 Minuten
Backzeit: 20-30 Minuten, in den kalten Backofen geschoben, oder im vorgeheizten Backofen etwa 10 Minuten

• Den Weizen zu feinem Mehl mahlen und in eine Rührschüssel füllen.
• Die Milch mit dem Honig, dem Salz und dem Öl erhitzen, bis der Honig sich aufgelöst hat und die Milch handwarm ist. Die Hefe hineinbröckeln und knapp 5 Minuten warten, bis sich die Hefe aufgelöst hat, dabei gelegentlich umrühren.
• Die Hefemilch über das Mehl gießen und alles zu einem geschmeidigen, sehr weichen Teig rühren, am besten mit den Knethaken des elektrischen Handrührgerätes oder der Küchenmaschine 5 Minuten durchkneten (Küchenmaschine: mittlere Geschwindigkeit) oder von Hand mit einem Rührlöffel aus Holz knapp 10 Minuten kräftig durchrühren.
• Das Backblech einfetten.
• Die Sesamsamen mit dem Mehl zum Formen mischen und auf eine Arbeitsfläche schütten.
• Vom Teig jeweils etwa ein Sechstel mit einem Teigschaber abnehmen, in der Sesam-Mehl-Mischung wälzen, bis das Teigstück ringsum davon bedeckt und etwa kugelförmig geworden ist. Das Teigstück zwischen beiden Handflächen schnell ein paarmal »hin- und herklatschen«, so daß es flach (etwa ½ cm dick) wird.
• Die Teigstücke auf das Blech legen, in den kalten Backofen (unten) schieben und (je nach Vorheizzeit des Backofens) in 20–30 Minuten knusprig goldbraun backen. Oder im auf 220° vorgeheizten Backofen etwa 10 Minuten backen (Umluft: 190°).
• Die Brote auf ein Kuchengitter legen und beidseitig kurz mit kaltem Wasser besprühen.
• Das leicht süßliche, weiche Blitzbrot schmeckt am besten frisch, mit Butter bestrichen oder als Beilage zu warmen Gemüsegerichten oder Salaten.

Ganz einfach

Würzige Roggenmischbrötchen

Zutaten für 16 Brötchen:
300 g Roggen · 300 g Weizen · 2 Teel. Kümmelsamen und 1 Teel. Koriandersamen oder je 2 Teel. gemahlener Kümmel und Koriander · 50 g puderfeines Vollsojamehl · 1 Teel. Meersalz · ½ Päckchen Sauerteigextrakt · 1 Würfel Hefe · 2 Teel. flüssiger Honig · ½ l lauwarme reine Buttermilch
Für das Backblech: Butter
Zum Bestreichen: 1 kleines Ei
Zum Bestreuen: je 1 Eßl. Kümmel- und Koriandersamen · 2 Teel. grobes Salz
Pro Brötchen etwa 610 kJ/150 kcal
7 g Eiweiß · 3 g Fett · 25 g Kohlenhydrate · 5 g Ballaststoffe

Vorbereitungszeit: etwa 30 Minuten; die Buttermilch etwa 1 Stunde zuvor aus dem Kühlschrank nehmen und mit dem Becher in warmes Wasser stellen.
Ruhezeit: etwa 45 Minuten
Backzeit: 20–25 Minuten

• Den Roggen, den Weizen, die Kümmel- und Koriandersamen zusammen zu feinem Mehl mahlen (oder gemahlene Gewürze verwenden). Das Mehl in einer Schüssel mit dem Sojamehl, dem Salz und dem Sauerteigextrakt mischen. In die Mitte eine Mulde drücken, die Hefe hineinbröckeln, den Honig auf die Hefe geben und 1–2 Minuten warten, bis die Hefe sich aufgelöst hat.
• Die lauwarme Buttermilch dazugießen und mit der Hefe und etwas Mehl vom Muldenrand zu einem dünnen Brei verrühren. Den Vorteig, mit einem Tuch bedeckt, etwa 15 Minuten an einem warmen Platz gehen lassen.

• Dann alles zu einem geschmeidigen Hefeteig verarbeiten, zuerst rühren, dann mit der Hand oder den Knethaken des elektrischen Handrührgerätes oder der Küchenmaschine kneten, bis alles Mehl aufgenommen worden ist. Den Teig 15–20 Minuten zugedeckt gehen lassen.
• Den Teig nochmals gründlich kneten, in 4 gleich große Stücke und diese nochmals in 4 gleich große Stücke teilen. Jedes mit nassen Händen zu einer Kugel formen.
• Das Backblech einfetten. Den Backofen auf 220° vorheizen. Die Teigkugeln auf das Blech legen und plattdrücken. Das Ei verquirlen und die Brötchen damit bestreichen. Die Gewürze zum Bestreuen in einem Teller mischen, die Brötchen mit der bestrichenen Seite in die Gewürze drücken, mit der ungewürzten Seite nach unten wieder auf das Blech legen und nochmals, mit einem Tuch bedeckt, 10–15 Minuten gehen lassen, bis sich das Volumen um etwa ein Drittel vergrößert hat.
• Das Blech in den Backofen (Mitte) schieben und die Brötchen in 20–25 Minuten goldbraun backen (Umluft: 190°).
• Die Brötchen noch 5 Minuten im ausgeschalteten Ofen stehenlassen. Dann herausnehmen, mit kaltem Wasser besprühen und auf einem Kuchengitter abkühlen lassen.
• Die Roggenmischbrötchen schmecken am besten frisch, aber auch noch an den nächsten 1–2 Tagen, mit Butter bestrichen und mit Käse belegt.

Variante: Partybrötchen
Nach dem gleichen Rezept doppelt so viele kleine Brötchen backen. Ganz frisch und noch warm in einem Korb serviert und zu Salaten, Käseplatten, Suppen oder Gegrilltem gestellt, laden sie zum Zugreifen ein.

Ganz einfach

Goudabrötchen

Zutaten für 16 Brötchen:
500 g Weizen · 1 Messerspitze weißer Pfeffer, frisch gemahlen · 1 Würfel Hefe · 2 Teel. flüssiger Honig · 300 ccm lauwarme Milch · 200 g Goudakäse · ½ Teel. Meersalz
Für das Backblech: Butter
Zum Bestreichen: etwas Milch
Pro Brötchen etwa 670 kJ/160 kcal
8 g Eiweiß · 6 g Fett · 20 g Kohlenhydrate · 4 g Ballaststoffe

Vorbereitungszeit: etwa 30 Minuten
Ruhezeit: etwa 50 Minuten
Backzeit: 15–20 Minuten

• Den Weizen zu feinem Mehl mahlen und mit dem Pfeffer in einer Rührschüssel mischen. In die Mitte eine Mulde drücken, die Hefe hineinbröckeln und den Honig auf die Hefe geben. 1–2 Minuten warten, bis sich die Hefe aufgelöst hat.
• Die lauwarme Milch dazugießen und mit der Hefe sowie etwas Mehl vom Muldenrand zu einem dünnen Brei verrühren. Den Vorteig, mit einem Tuch bedeckt, etwa 15 Minuten an einem warmen Platz gehen lassen.
• Inzwischen drei Viertel vom Käse feinreiben, den Rest grobreiben. Den feingeriebenen Käse und das Salz zum Vorteig geben und alles zu einem geschmeidigen Hefeteig verarbeiten, zuerst rühren, dann mit der Hand oder den Knethaken des elektrischen Handrührgerätes oder der Küchenmaschine kneten, bis alles Mehl von der Flüssigkeit aufgenommen worden ist. Den Teig zugedeckt 15–20 Minuten gehen lassen.
• Den Teig nochmals gründlich kneten. Sollte er zu fest sein, etwas Wasser dazugießen. Sollte er so weich sein, daß er sich nicht vom Schüs-

selrand löst, etwas Weizenvollkornmehl hineinkneten.

- Das Backblech einfetten. Den Teig in 4 gleich große Stücke und jedes nochmals in 4 gleich große Stücke teilen. Jedes Stück zu einer Kugel formen, auf das Blech legen, plattdrücken und zugedeckt etwa 20 Minuten gehen lassen, bis sich das Volumen um etwa ein Drittel vergrößert hat. Die Brötchen mit Milch bestreichen und mit dem grob geriebenen Käse bestreuen (darauf achten, daß keine Käseraspel auf das Blech fallen, da sie dort anbrennen würden).
- Inzwischen den Backofen auf 200° vorheizen. Das Blech in den Ofen (Mitte) schieben und die Brötchen in 15–20 Minuten goldbraun backen (Umluft: 180°).
- Die Brötchen 5 Minuten im ausgeschalteten Ofen stehenlassen, dann herausnehmen, mit kaltem Wasser besprühen und auf einem Kuchengitter abkühlen lassen.
- Die Goudabrötchen bleiben etwa 2 Tage frisch und schmecken am besten mit Butter bestrichen und/oder mit Käse belegt.

Preiswert

Käsebrötchen

Manchmal passiert es, daß Camembert im Kühlschrank zu reif wird oder daß man beim Einkauf nicht bemerkt, wie weich der Käse bereits ist. Nicht jeder mag den Camembert dann so. Aber in Brötchen »verpackt«, gibt der Käse diesen zusammen mit dem Quark gerade das feine milde Aroma, das von vielen sehr geschätzt wird.

Zutaten für 12 große Brötchen:
125 g reifer bis überreifer Camembertkäse ·
500 g Magerquark · 125 g Sahne ·
500 g Weizen · 2 Teel. Kümmelsamen · 1 Würfel Hefe · 2 Teel. flüssiger Honig · ½ Teel. Meersalz
Für das Backblech: Butter

Pro Brötchen etwa 960 kJ/230 kcal
13 g Eiweiß · 7 g Fett · 28 g Kohlenhydrate ·
5 g Ballaststoffe

Vorbereitungszeit: etwa 30 Minuten
Ruhezeit: etwa 45 Minuten
Backzeit: 20–25 Minuten

- Den Camembert mit einer Gabel zerdrücken, dann mit dem Quark und der Sahne gründlich verrühren.
- Den Weizen zu feinem Mehl mahlen und mit dem Kümmel in einer Rührschüssel mischen. In die Mitte eine Mulde drücken, die Hefe hineinbröckeln und den Honig auf die Hefe geben. 1–2 Minuten warten, bis sich die Hefe aufgelöst hat.
- Die Käsemischung und das Salz hinzufügen und alles zu einem geschmeidigen Hefeteig verarbeiten, zuerst rühren dann mit der Hand oder den Knethaken des elektrischen Handrührgerätes oder der Küchenmaschine kneten, bis alles Mehl von der Flüssigkeit aufgenommen worden ist. Den Teig zugedeckt etwa 25 Minuten an einem warmen Platz gehen lassen, bis sich das Volumen deutlich vergrößert hat.
- Den Teig nochmals gründlich kneten. Sollte er zu fest sein, etwas Wasser dazugießen. Sollte er so weich sein, daß er sich nicht vom Schüsselrand löst, etwas Weizenvollkornmehl hineinkneten.
- Das Backblech einfetten. Den Teig in zwölf gleich große Stücke teilen. Jedes Stück zu einer Kugel formen, plattdrücken, auf das Blech legen und zugedeckt etwa 20 Minuten gehen lassen, bis sich das Volumen um etwa ein Drittel vergrößert hat.
- Inzwischen den Backofen auf 200° vorheizen. Das Blech in den Ofen (Mitte) schieben und die Brötchen in 20–25 Minuten goldbraun backen (Umluft: 180°).

• Die Brötchen 5 Minuten im ausgeschalteten Ofen stehenlassen, dann herausnehmen, mit kaltem Wasser besprühen und auf einem Kuchengitter abkühlen lassen.
• Die Käsebrötchen bleiben etwa 2 Tage frisch und schmecken am besten mit Butter bestrichen und/oder mit Käse belegt.

Nicht ganz einfach

Laugenwecken oder -brezeln

Zutaten für 12 Stück:
400 g Weizen · 1 Würfel Hefe ·
1 Teel. flüssiger Honig · 200 ccm lauwarmes Wasser · 1 Teel. Meersalz
Für die Lauge: 1 l Wasser. · 1 Eßl. Natron
Für das Backblech: Butter
Zum Bestreuen: etwa 1 Eßl. grobes Salz
Pro Stück etwa 460 kJ/110 kcal
5 g Eiweiß · 1 g Fett · 21 g Kohlenhydrate ·
4 g Ballaststoffe

Vorbereitungszeit: etwa 25 Minuten
Ruhezeit: etwa 30 Minuten
Backzeit: 30–35 Minuten

• Den Weizen zu feinem Mehl mahlen und in eine Rührschüssel füllen. In die Mitte eine Mulde drücken, die Hefe hineinbröckeln und den Honig auf die Hefe geben. 1–2 Minuten warten, bis sich die Hefe aufgelöst hat.
• Das lauwarme Wasser dazugießen und mit der Hefe und etwas Mehl vom Muldenrand zu einem dünnen Brei verrühren. Den Vorteig, mit einem Tuch bedeckt, etwa 15 Minuten an einem warmen Platz gehen lassen.
• Dann das Salz hinzufügen und alles zu einem geschmeidigen Hefeteig verarbeiten, zuerst rühren, dann mit der Hand oder den Knethaken des elektrischen Handrührgerätes oder der Küchenmaschine kneten, bis alles Mehl von der Flüssigkeit aufgenommen worden ist. Den Teig zugedeckt 10 Minuten gehen lassen.
• Den Teig nochmals gründlich kneten. Sollte er zu fest sein, etwas Wasser dazugießen. Sollte er so weich sein, daß er sich nicht vom Schüsselrand löst, etwas Weizenvollkornmehl hineinkneten.
• Das Wasser für die Lauge mit dem Natron in einem weiten Topf aufkochen (Vorsicht, daß keine Lauge in die Augen kommt und keine Kinder in der Nähe sind).
• Das Backblech einfetten. Den Teig in 4 gleich große Stücke und diese nochmals in je 3 gleich große Stücke teilen. Jedes Stück zu einer Kugel formen und etwas plattdrücken oder die Stücke jeweils zu etwa 50 cm langen Rollen formen, zu Brezeln legen und an den übereinanderliegenden Stellen gut andrücken. Die Wecken oder Brezeln etwa 5 Minuten gehen lassen.

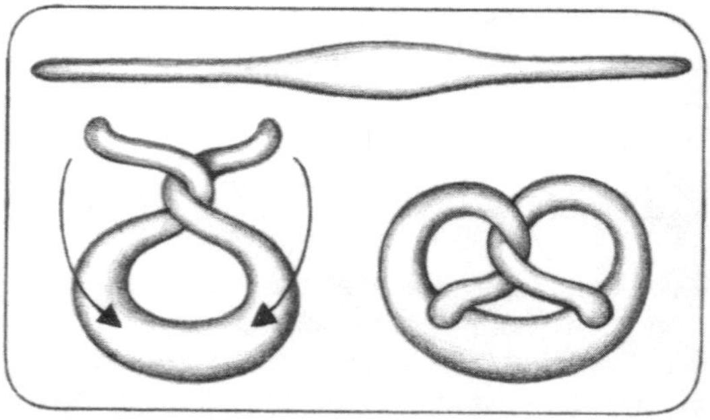

Die Brezeln sehen besonders hübsch aus, wenn Sie den Strang in der Mitte etwas dicker lassen und die Enden zweimal verschlingen, dann andrücken.

• Inzwischen den Backofen auf 220° vorheizen.
• So viele Wecken oder Brezeln, wie gleichzeitig im Topf gut Platz haben, für 1 Minute in die schwach kochende Lauge legen; die Wecken dabei einmal umdrehen, die Brezeln ein paarmal

mit dem Schaumlöffel untertauchen. Die Stücke mit einem flachen Schaumlöffel aus der Lauge nehmen, auf das Blech legen und mit grobem Salz bestreuen.

- Das Blech sofort in den Ofen (Mitte) schieben und die Laugenwecken oder -brezeln in 30–35 Minuten braun backen (Umluft: 190°).
- Die Stücke auf einem Kuchengitter abkühlen lassen.
- Die Laugenwecken oder -brezeln schmecken am besten frisch, mit Butter bestrichen.

Etwas teurer

Dinkelcroissants

Zutaten für 16 Stück:
600 g Dinkel · 1½ Teel. Meersalz · 1 Würfel Hefe · 2 Teel. flüssiger Honig · ¼ l lauwarmes Wasser · 1 Eigelb · 200 g weiche Butter
Zum Bestreichen: 1 kleines Ei
Für das Backblech: Butter
Pro Stück etwa 960 kJ/230 kcal
6 g Eiweiß · 12 g Fett · 24 g Kohlenhydrate · 4 g Ballaststoffe

Vorbereitungszeit: etwa 50 Minuten.
Ruhezeit: etwa 12 Stunden (über Nacht) und 10 Minuten
Backzeit: 25–30 Minuten

- Den Dinkel zu feinem Mehl mahlen. 450 g davon mit dem Salz in eine Rührschüssel füllen, in die Mitte eine Mulde drücken, die Hefe hineinbröckeln, den Honig auf die Hefe geben und 1–2 Minuten warten, bis die Hefe sich aufgelöst hat.
- Das lauwarme Wasser dazugießen, das Eigelb und 20 g weiche Butter hinzufügen. Alles zu einem geschmeidigen, weichen Hefeteig verarbeiten, zuerst rühren, dann von Hand oder mit den Knethaken eines elektrischen Handrührgerätes oder einer Küchenmaschine kneten, bis alles Mehl von der Flüssigkeit aufgenommen worden ist.
- Den Teig in einer großen Schüssel zugedeckt etwa 12 Stunden (über Nacht) im Kühlschrank gehen lassen.
- Am nächsten Morgen die restliche weiche Butter mit 50 g von dem restlichen Mehl verrühren. Den Hefeteig aus dem Kühlschrank nehmen, gründlich kneten und mit etwas Mehl zu einer etwa 40 x 40 cm großen Platte ausrollen. Die Buttermischung mit einem Teigschaber auf die Hälfte des Teiges streichen, dabei einen etwa 3 cm breiten Rand frei lassen. Die andere Teighälfte darüberlegen und an den Rändern fest andrücken. Mit dem restlichen Mehl noch viermal wieder auf die volle Größe ausrollen und jeweils wieder auf die Hälfte zusammenlegen, dabei mit der Teigrolle keinen Druck ausüben. Zum Schluß den Teig zu einer Platte von etwa 50 cm Durchmesser ausrollen. Die Mitte und den Rand mit dem verquirlten Ei bestreichen und in 16 »Tortenstücke« schneiden. Die Stücke von außen nach innen zu Hörnchen aufrollen, dabei die breiten Enden noch etwas breiter ziehen.
- Das Backblech einfetten. Den Backofen auf 200° vorheizen. Die Hörnchen auf das Blech legen und zugedeckt etwa 10 Minuten gehen lassen. Das Blech in den Ofen (Mitte) schieben und die Croissants in 25–30 Minuten goldbraun backen (Umluft: 180°).
- Die Hörnchen aus dem Backofen nehmen, mit kaltem Wasser besprühen und auf einem Kuchengitter abkühlen lassen.
- Dinkelcroissants schmecken frisch, auch noch lauwarm, ohne weiteren Aufstrich. Am nächsten Tag kann man sie kurz vor dem Servieren im Backofen aufbacken.

Brote für die Party

Optisch und kulinarisch attraktive Brote sind bei einer Party heiß begehrt. Sie können damit fast die ganze Bewirtung bestreiten, wenn Sie mit delikatem Belag und Aufstrichen, mit Salaten oder einem Obstkorb ergänzen. Interessante Brote können auch die ideale Begleitung, zum Beispiel bei einem kalten Buffet sein. Der Erfolg ist Ihnen in jedem Fall sicher, denn die besonderen selbstgebackenen Brote aus diesem Kapitel gibt es nirgends zu kaufen.
Der nußartige Geschmack von frischgemahlenem und dann frischverbackenem Getreide verblüfft Vollkorn-Neulinge immer. Vollkorn-Gewöhnte und -Verwöhnte lassen sich dagegen gern mit neuen Zusammenstellungen und Kombinationen überraschen. Und nicht zuletzt trägt der herrliche Duft von frisch gebackenem Brot, der das ganze Haus erfüllt, zur gemütlichen und fröhlichen Atmosphäre und damit zum Gelingen der Party bei.

Ganz einfach

Parmesan-Kräuter-Brot

Zutaten für eine Kastenform von 28 cm Länge:
400 g Weizen · 30 g puderfeines Vollsojamehl · 75 g Parmesankäse, frisch feingerieben · 1 Teel. Meersalz · 1 Messerspitze schwarzer Pfeffer, frisch gemahlen · 1 Würfel Hefe · 1 Teel. flüssiger Honig · ¼ l lauwarme reine Buttermilch · 3 Eßl. Olivenöl · je 1 Eßl. Schnittlauch und Petersilie, frisch feingeschnitten · je 2 Teel. Thymian, Majoran und Oregano, frisch feingehackt, oder je 1 Teel. getrocknete gerebelte Kräuter
Für die Form: Butter
Bei 19 Scheiben pro Scheibe etwa 450 kJ/ 110 kcal
6 g Eiweiß · 4 g Fett · 14 g Kohlenhydrate · 3 g Ballaststoffe

Vorbereitungszeit: etwa 35 Minuten, die Buttermilch etwa 1 Stunde zuvor aus dem Kühlschrank nehmen und mit dem Becher in warmes Wasser stellen.
Ruhezeit: etwa 50 Minuten
Backzeit: 35-40 Minuten

- Den Weizen zu feinem Mehl mahlen und mit dem Sojamehl, dem Parmesankäse, dem Salz und dem Pfeffer in einer Rührschüssel mischen. In die Mitte eine Mulde drücken, die Hefe hineinbröckeln und den Honig auf die Hefe geben. 1-2 Minuten warten, bis sich die Hefe aufgelöst hat.
- Die lauwarme Buttermilch dazugießen und mit der Hefe und etwas Mehl vom Muldenrand zu einem dünnen Brei verrühren. Den Vorteig, mit einem Tuch bedeckt, etwa 15 Minuten an einem warmen Platz gehen lassen.
- Dann das Öl und die Kräuter hinzufügen und alles zu einem geschmeidigen Hefeteig verarbeiten, zuerst rühren, dann mit der Hand oder den Knethaken des elektrischen Handrührgerätes oder der Küchenmaschine kneten, bis alles Mehl von der Flüssigkeit aufgenommen worden ist. Den Teig zugedeckt 15-20 Minuten gehen lassen.
- Den Teig nochmals gründlich kneten. Sollte er zu fest sein, etwas Wasser dazugießen. Sollte er so weich sein, daß er sich nicht vom Schüsselrand löst, etwas Weizenvollkornmehl hineinkneten.

Das macht den Gästen Ihrer Party Spaß: Jeder bricht sich von der »Bäckersonne" die Stücke ab, die er am liebsten mag. Die verschieden gewürzten Brötchen schmecken am besten frisch. Rezept Seite 75. ▷

- Die Form einfetten. Den Teig zu einer Rolle von 28 cm Länge formen, in die Form legen, plattdrücken und nochmals zugedeckt 10–15 Minuten gehen lassen, bis sich das Volumen um etwa ein Drittel vergrößert hat.
- Inzwischen den Backofen auf 220° vorheizen. Die Form in den Ofen (unten) schieben und das Brot in 35–40 Minuten goldbraun backen (Umluft: 190°).
- Das Brot 10 Minuten im ausgeschalteten Ofen stehenlassen, dann herausnehmen, mit kaltem Wasser besprühen und auf einem Kuchengitter abkühlen lassen.
- Das Parmesan-Kräuter-Brot schmeckt am besten frisch, dick mit Butter bestrichen.

Nicht ganz einfach

Gefülltes Currybrot

Zutaten für 1 Brot:
Für den Teig: 800 g Weizen · 2 Teel. Currypulver · 1 Teel. Kurkumapulver · 2 Teel. Meersalz · 1½ Würfel Hefe (63 g) · 1 Eßl. flüssiger Honig · 3/8 l lauwarmes Wasser · 100 g weiche Butter
Für die Füllung: 250 g Goudakäse · ½ Teel. schwarzer Pfeffer, frisch gemahlen · 4 Eier · 2 Eßl. Petersilie, frisch feingehackt · 1 Teel. Basilikum, frisch feingehackt
Für das Backblech: Butter
Zum Ausrollen: 50 g feiner gelber Maisgrieß
Bei 27 Scheiben pro Scheibe etwa 740 kJ/ 180 kcal
8 g Eiweiß · 8 g Fett · 20 g Kohlenhydrate · 4 g Ballaststoffe

Vorbereitungszeit: etwa 50 Minuten
Ruhezeit: etwa 50 Minuten
Backzeit: etwa 40 Minuten

- Den Weizen zu feinem Mehl mahlen und mit dem Curry, dem Kurkuma sowie dem Salz in einer Rührschüssel mischen. In die Mitte eine Mulde drücken, die Hefe hineinbröckeln und den Honig auf die Hefe geben. 1–2 Minuten warten, bis sich die Hefe aufgelöst hat.
- Das lauwarme Wasser dazugießen und mit der Hefe und etwas Mehl vom Muldenrand zu einem dünnen Brei verrühren. Den Vorteig, mit einem Tuch bedeckt, etwa 15 Minuten an einem warmen Platz gehen lassen.
- Die weiche Butter hinzufügen und alles zu einem geschmeidigen Hefeteig verarbeiten, zuerst rühren, dann mit der Hand oder den Knethaken des elektrischen Handrührgerätes oder der Küchenmaschine kneten, bis alles Mehl von der Flüssigkeit aufgenommen worden ist. Den Teig zugedeckt 15–20 Minuten gehen lassen.
- Für die Füllung den Käse grob reiben und mit dem Pfeffer, den Eiern, der Petersilie und dem Basilikum gründlich mischen.
- Den Teig nochmals gründlich kneten. Sollte er zu fest sein, etwas Wasser dazugießen. Sollte er so weich sein, daß er sich nicht vom Schüsselrand löst, etwas Weizenvollkornmehl hineinkneten.
- Das Backblech einfetten. Den Teig auf dem Maisgrieß zu einem Rechteck von etwa 40 × 50 cm Größe ausrollen, mit der Füllung gleichmäßig bestreichen, dabei einen etwa 2 cm breiten Rand ringsum frei lassen. Den Teig von

◁ Diese kleinen »gefüllten« Brote wurden einer beliebten italienischen Spezialität abgeschaut und deshalb Focaccine al pesto genannt. Rezept Seite 79.

der breiteren Seite her fest aufrollen, auf das Blech legen und nochmals zugedeckt 10–15 Minuten gehen lassen, bis sich das Volumen um etwa ein Drittel vergrößert hat.

- Inzwischen den Backofen auf 220° vorheizen. Das Blech in den Ofen (unten) schieben und das Brot 20 Minuten backen. Dann die Hitze auf 180° zurückschalten und das Currybrot in weiteren 20 Minuten goldbraun backen (Umluft: insgesamt 45 Minuten bei 180°).
- Das Brot 10 Minuten im ausgeschalteten Ofen stehenlassen, dann herausnehmen, mit kaltem Wasser besprühen und auf einem Kuchengitter abkühlen lassen.
- Das Currybrot schmeckt am besten frisch, in dicke Scheiben geschnitten und mit Butter bestrichen.

Variante: Currystangen

Den Teig ohne Füllung in 24 gleich große Stücke teilen. Jedes Stück auf Maisgrieß zu einer etwa 20 cm langen Rolle formen. Die Rollen auf 2 gefetteten Blechen verteilen, etwas plattdrücken und zugedeckt gehen lassen, bis sich das Volumen um etwa ein Drittel vergrößert hat. In etwa 20 Minuten bei 200° goldbraun backen, herausnehmen, mit kaltem Wasser besprühen und auf einem Kuchengitter abkühlen lassen. Die Currystangen schmecken am besten frisch, quer durchgeschnitten und dick mit Eibutter bestrichen. Für Eibutter 100 g weiche Butter mit 50 g weichem Doppelrahm-Frischkäse, ½ Teelöffel Meersalz, 2 feingewürfelten hartgekochten Eiern und 2 Eßlöffeln feingeschnittenem Schnittlauch verrühren. Dieser Brotaufstrich hält sich im Kühlschrank 2–3 Tage.

Ganz einfach

Korbbrot

Bild Seite 35

Kaum etwas reizt den Appetit mehr als ein frisch gebackener, herrlich duftender Brotlaib. Sie brauchen für das folgende Rezept ein Körbchen von etwa 26 cm Durchmesser.

Zutaten für 1 Brot:
200 g Roggen · 600 g Weizen · je 1 Teel. Kümmel-, Anis-, Fenchel- und Koriandersamen · 2 Teel. Meersalz · 1 Päckchen Sauerteigextrakt (15 g) · 1 Würfel Hefe · 1 Eßl. flüssiger Honig · knapp ½ l lauwarmes Wasser
Für das Körbchen und zum Formen: etwa 50 g Weizenvollkornmehl
Für das Backblech: Butter

Bei 20 Scheiben pro Scheibe etwa 580 kJ/140 kcal
6 g Eiweiß · 2 g Fett · 27 g Kohlenhydrate · 5 g Ballaststoffe

Vorbereitungszeit: etwa 40 Minuten
Ruhezeit: etwa 45 Minuten
Backzeit: etwa 1 Stunde

- Den Roggen und den Weizen zu feinem Mehl mahlen und in einer Rührschüssel mit den Gewürzen, dem Salz und dem Sauerteigextrakt mischen. In die Mitte eine Mulde drücken, die Hefe hineinbröckeln, den Honig auf die Hefe geben und 1–2 Minuten warten, bis sich die Hefe aufgelöst hat.
- Das lauwarme Wasser dazugießen und mit der Hefe und etwas Mehl vom Muldenrand zu einem dünnen Brei verrühren. Den Vorteig, mit einem Tuch bedeckt, etwa 15 Minuten an einem warmen Platz gehen lassen.
- Dann alles zu einem geschmeidigen, festen Teig verarbeiten, zuerst rühren, dann mit der

Hand oder den Knethaken des elektrischen Handrührgerätes oder der Küchenmaschine kneten, bis alles Mehl aufgenommen worden ist. Den Teig 15–20 Minuten zugedeckt gehen lassen.

- Den Teig nochmals gründlich kneten. Das Brotkörbchen gut mit Mehl ausstreuen. Das restliche Mehl auf eine Arbeitsfläche schütten und den Teig darauf mit bemehlten Händen zu einer Kugel formen, plattdrücken, so daß der Brotlaib in das Körbchen paßt. Das Brot in das Körbchen legen und zugedeckt 15–20 Minuten gehen lassen, bis der Teig um etwa ein Drittel größer geworden ist.

Ein Brotkörbchen aus Peddigrohr, das man mit Mehl ausstreut und in dem man den Teig gehen läßt, überträgt das Rillenmuster auf den Brotlaib.

- Das Backblech einfetten. Den Brotlaib auf das Blech stürzen, in den kalten Backofen (unten) schieben und bei 220° in 1 Stunde (mit Vorheizzeit) goldbraun backen (Umluft: 190°).
- Das Brot noch 15 Minuten im ausgeschalteten Ofen stehenlassen. Dann herausnehmen, von allen Seiten mit kaltem Wasser besprühen und auf einem Kuchengitter abkühlen lassen.
- Das Korbbrot schmeckt am besten frisch, mit Butter bestrichen, und ist für alle salzigen Aufstriche geeignet. Auch 1–2 Tage nach dem Backen schmeckt es noch gut.

Braucht etwas Zeit

Bäckersonne

Bild Seite 71

Zutaten für 18 Brötchen:
450 g Weizen · 1 Würfel Hefe ·
2 Teel. flüssiger Honig · 200 ccm lauwarmes Wasser · 250 g Magerquark · 1½ Teel. Meersalz
Für das Backblech: Butter
Zum Bestreuen: je 1 Eßl. Leinsamen, Kümmelsamen, Koriandersamen, Mohn, geschälte und ungeschälte Sesamsamen
Pro Brötchen etwa 490 kJ/120 kcal
7 g Eiweiß · 3 g Fett · 17 g Kohlenhydrate · 3 g Ballaststoffe

Vorbereitungszeit: etwa 35 Minuten
Ruhezeit: etwa 45 Minuten
Backzeit: 15–20 Minuten

- Den Weizen zu feinem Mehl mahlen und in eine Rührschüssel füllen. In die Mitte eine Mulde drücken, die Hefe hineinbröckeln und den Honig auf die Hefe geben. 1–2 Minuten warten, bis sich die Hefe aufgelöst hat.
- Das lauwarme Wasser dazugießen und mit der Hefe und etwas Mehl vom Muldenrand zu einem dünnen Brei verrühren. Den Vorteig, mit einem Tuch bedeckt, etwa 15 Minuten an einem warmen Platz gehen lassen.
- Den Quark und das Salz hinzufügen und alles zu einem geschmeidigen Hefeteig verarbeiten, zuerst rühren, dann mit der Hand oder den Knethaken des elektrischen Handrührgerätes oder der Küchenmaschine kneten, bis alles Mehl von der Flüssigkeit aufgenommen worden ist. Den Teig zugedeckt 15–20 Minuten gehen lassen.
- Den Teig nochmals gründlich kneten. Er sollte ziemlich weich bleiben, so daß man ihn nur mit nassen Händen formen kann. Sollte er je-

doch zu klebrig sein, noch etwas Weizenvollkornmehl darunterkneten.

• Das Backblech einfetten. Die Samen, jede Sorte für sich, auf eine Untertasse oder in eine Teetasse geben. Den Teig in 3 gleich große Stücke und jedes nochmals in 3 gleich große Stücke teilen. Jedes Stück halbieren. Die Teigstücke jeweils mit nassen Händen zu einer Kugel formen, etwas plattdrücken, jedes Teigstück abwechselnd in eine andere Samensorte drücken. 1 Stück mit der Gewürzseite nach oben in die Mitte des Bleches legen, danach 6 Stücke kreisförmig ohne Abstand um das mittlere legen und die restlichen 11 Stücke kreisförmig ohne Abstand als äußeren Rand legen. Alles nochmals zugedeckt etwa 15 Minuten gehen lassen, bis sich das Volumen um etwa ein Drittel vergrößert hat.

• Inzwischen den Backofen auf 220° vorheizen. Das Blech in den Ofen (Mitte) schieben und die Brötchen in 15–20 Minuten goldbraun backen (Umluft: 190°).

• Den Brötchenkranz aus dem Ofen nehmen, mit kaltem Wasser besprühen, mit einem Pfannenmesser als Ganzes vom Blech auf ein Kuchengitter gleiten und abkühlen lassen. Jeder bricht sich seine Brötchen davon ab.

Braucht etwas Zeit

Zwiebelbrötchen

Bild Umschlag-Vorderseite

Zutaten für 16 Brötchen:
400 g Weizen · 150 g Roggen · 1 Teel. Meersalz · 1 Messerspitze schwarzer Pfeffer, frisch gemahlen · 1 Würfel Hefe · 1 Teel. flüssiger Honig · 350 ccm lauwarme reine Buttermilch · 150 g magerer Räucherspeck · 2 Eßl. Sonnenblumenöl · 250 g Zwiebeln
Zum Wälzen: etwa 50 g Roggenvollkornmehl
Für das Backblech: Butter

Pro Brötchen etwa 800 kJ/190 kcal
6 g Eiweiß · 9 g Fett · 22 g Kohlenhydrate · 5 g Ballaststoffe

Vorbereitungszeit: etwa 50 Minuten; die Buttermilch etwa 1 Stunde zuvor aus dem Kühlschrank nehmen und mit dem Becher in warmes Wasser stellen
Ruhezeit: etwa 40 Minuten
Backzeit: etwa 20 Minuten

• Den Weizen und den Roggen zu feinem Mehl mahlen und in einer Rührschüssel mit dem Salz und dem Pfeffer mischen. In die Mitte eine Mulde drücken, die Hefe hineinbröckeln, den Honig auf die Hefe geben, 1–2 Minuten warten, bis die Hefe sich aufgelöst hat.

• Die lauwarme Buttermilch dazugießen und mit der Hefe und etwas Mehl vom Muldenrand zu einem dünnen Brei verrühren. Den Vorteig, mit einem Tuch bedeckt, etwa 15 Minuten an einem warmen Platz gehen lassen.

• Inzwischen den Speck fein würfeln und in dem Öl knusprig ausbraten. Die Zwiebeln schälen, würfeln und, sobald der Speck knusprig ist, im Speckfett hellgoldbraun braten.

• Wenn der Vorteig gegangen ist, die Zutaten in der Schüssel zu einem geschmeidigen Hefeteig verarbeiten, zuerst rühren, dann mit der Hand oder den Knethaken des elektrischen Handrührgerätes oder der Küchenmaschine kneten, bis alles Mehl aufgenommen worden ist. Den Teig 15–20 Minuten gehen lassen.

• Die etwas abgekühlte Speckmischung aus der Pfanne zum Teig geben und alles zusammen nochmals gründlich kneten. Dann den Teig in 4 gleich große Stücke und diese nochmals in 4 gleich große Stücke teilen. Jedes Stück mit nassen Händen zu einer Kugel formen und in Roggenvollkornmehl wälzen.

• Ein Backblech einfetten. Den Backofen auf 200° vorheizen. Die Teigkugeln auf dem Blech verteilen, plattdrücken und, mit einem Tuch bedeckt, 10–15 Minuten gehen lassen, bis sich das Volumen um etwa ein Drittel vergrößert hat.
• Das Blech in den Backofen (Mitte) schieben und die Brötchen in etwa 20 Minuten goldbraun backen (Umluft: 180°).
• Die Brötchen noch 5 Minuten im ausgeschalteten Ofen stehenlassen, dann herausnehmen, mit kaltem Wasser besprühen und auf einem Kuchengitter abkühlen lassen.
• Die Zwiebelbrötchen schmecken am besten frisch, aber auch am nächsten Tag noch.

Ganz einfach

Mandelstangen

Zutaten für 2 Stangenbrote:
400 g Weizen · 1 Teel. Meersalz · 1 Teel. gemahlener Anis · 1 Würfel Hefe ·
1 Eßl. Zuckerrohrgranulat · ¼ l lauwarme Milch · 150 g Mandeln, abgezogen · 20 g Mohn
Für das Backblech: Butter
Bei 35 Scheiben pro Scheibe etwa 300 kJ/70 kcal
3 g Eiweiß · 4 g Fett · 9 g Kohlenhydrate · 2 g Ballaststoffe

Vorbereitungszeit: etwa 25 Minuten
Ruhezeit: etwa 50 Minuten
Backzeit: 25–30 Minuten

• Den Weizen zu feinem Mehl mahlen und mit dem Salz und dem Anis in einer Rührschüssel mischen. In die Mitte eine Mulde drücken, die Hefe hineinbröckeln und das Zuckerrohrgranulat auf die Hefe geben. 1–2 Minuten warten, bis sich die Hefe aufzulösen beginnt.
• Die lauwarme Milch dazugießen und mit der Hefe und etwas Mehl vom Muldenrand zu einem dünnen Brei verrühren. Den Vorteig, mit einem Tuch bedeckt, etwa 15 Minuten an einem warmen Platz gehen lassen.
• Dann alles zu einem geschmeidigen Hefeteig verarbeiten, zuerst rühren, dann mit der Hand oder den Knethaken des elektrischen Handrührgerätes oder der Küchenmaschine kneten, bis alles Mehl von der Flüssigkeit aufgenommen worden ist. Den Teig zugedeckt 15–20 Minuten gehen lassen.
• Inzwischen die Mandeln grob reiben. 100 g geriebene Mandeln mit dem Mohn in einer trokkenen schweren Pfanne bei mittlerer Hitze unter Wenden rösten, bis alles angenehm duftet und die Mandeln beginnen, dunkler zu werden.
• Das Geröstete zum Teig geben und den Teig nochmals gründlich kneten. Sollte er zu fest sein, etwas Milch dazugießen. Sollte er so weich sein, daß er sich nicht vom Schüsselrand löst, etwas Weizenvollkornmehl hineinkneten.
• Das Backblech einfetten. Den Teig in zwei gleich große Stücke teilen. Jedes Stück auf den restlichen geriebenen Mandeln zu einer Rolle von etwa 40 cm Länge formen, auf das Blech legen, etwas plattdrücken und zugedeckt 10–15 Minuten gehen lassen, bis sich das Volumen um etwa ein Drittel vergrößert hat. Die Oberfläche der Brote mit einem scharfen Messer ein paar Mal schräg einschneiden.
• Inzwischen den Backofen auf 220° vorheizen. Das Blech in den Ofen (Mitte) schieben und die Brote in 25–30 Minuten goldbraun backen (Umluft: 190°).
• Die Brote herausnehmen, mit kaltem Wasser besprühen und auf einem Kuchengitter abkühlen lassen.
• Die Mandelstangen schmecken am besten frisch, dick mit Butter bestrichen. Bei einer Party sehen sie mit Butter, mehreren Honigsorten und/oder Marmeladen und milden Käsesorten

zusammen angerichtet, hübsch aus und harmonieren auch geschmacklich gut damit. Wenn Mandelstangen übrigbleiben, schmecken sie auch noch am nächsten Tag.

Etwas teurer

Nußknoten mit Dinkel

Zutaten für 6 Stück:
300 g Dinkel · 20 g puderfeines Vollsojamehl · 1 Teel. Meersalz · ½ Würfel Hefe · 2 Teel. flüssiger Honig · 200 ccm lauwarme Milch · 100 g geröstete, gesalzene Pistazien · 50 g Mandeln, abzogen · 50 g geschälte Kürbiskerne
Für das Backblech: Butter
Pro Stück etwa 1700 kJ/400 kcal
15 g Eiweiß · 22 g Fett · 39 g Kohlenhydrate · 8 g Ballaststoffe

Vorbereitungszeit: etwa 40 Minuten
Ruhezeit: etwa 45 Minuten
Backzeit: 15–20 Minuten

- Den Dinkel zu sehr feinem Mehl mahlen und mit dem Sojamehl sowie dem Salz in einer Rührschüssel mischen. In die Mitte eine Mulde drücken, die Hefe hineinbröckeln und den Honig auf die Hefe geben. 1–2 Minuten warten, bis sich die Hefe aufgelöst hat.
- Die lauwarme Milch dazugießen und mit der Hefe und etwas Mehl vom Muldenrand zu einem dünnen Brei verrühren. Den Vorteig, mit einem Tuch bedeckt, etwa 15 Minuten an einem warmen Platz gehen lassen.
- Dann alles zu einem geschmeidigen Hefeteig verarbeiten, zuerst rühren, dann mit der Hand oder den Knethaken des elektrischen Handrührgerätes oder der Küchenmaschine kneten, bis alles Mehl von der Flüssigkeit aufgenommen worden ist. Den Teig zugedeckt 15–20 Minuten gehen lassen.
- Inzwischen die Pistazien von den Schalen befreien. Die Mandeln und die Kürbiskerne in einer trockenen schweren Pfanne bei mittlerer Hitze unter öfterem Wenden rösten, bis die Mandeln etwas dunkler werden und angenehm duften und die grüne Haut der Kürbiskerne zu platzen beginnt. Den Pfanneninhalt etwas abkühlen lassen, mit den Pistazienkernen mischen und zusammen grob reiben.
- Die Hälfte der Nußmischung zum Teig geben und den Teig nochmals gründlich kneten. Sollte er zu fest sein, etwas Milch dazugießen. Sollte er so weich sein, daß er sich nicht vom Schüsselrand löst, etwas Weizenvollkornmehl darunterkneten.
- Das Backblech einfetten. Den Teig in 6 gleich große Stücke teilen. Die Teigstücke in der restlichen Nußmischung wenden und jedes auf den geriebenen Nüssen zu einer etwa 30 cm langen Rolle formen. Jede Rolle zu einem losen Knoten schlingen, auf das Blech legen und nochmals zugedeckt etwa 15 Minuten gehen lassen, bis sich das Volumen um etwa ein Drittel vergrößert hat.
- Inzwischen den Backofen auf 220° vorheizen. Das Blech in den Ofen (Mitte) schieben und die Knoten in 15–20 Minuten goldbraun backen (Umluft: 190°).
- Die Stücke aus dem Ofen nehmen, mit kaltem Wasser besprühen und auf einem Kuchengitter abkühlen lassen.
- Die Nußknoten schmecken am besten frisch, quer durchgeschnitten und mit Butter bestrichen.

Tip: Wenn Sie verschiedene Brotspezialitäten anbieten wollen, sollten Sie die Teigmenge in kleinere Portionen teilen und statt 6 besser 12 Nußknoten formen.

Etwas teurer

Focaccine al pesto

Bild Seite 72

Zutaten für 12 Stück:
500 g Weizen · 1 Würfel Hefe · 1 Teel. flüssiger Honig · ¼ l lauwarmes Wasser · 4 Knoblauchzehen · 2 Eßl. Basilikum, frisch feingehackt · 2 Messerspitzen weißer Pfeffer, frisch gemahlen · 2 Teel. Meersalz · 5 Eßl. Olivenöl
Für das Backblech: Butter
Zum Ausrollen: etwa 30 g Weizenkleie
Pro Stück etwa 720 kJ/170 kcal
6 g Eiweiß · 5 g Fett · 26 g Kohlenhydrate · 6 g Ballaststoffe

Vorbereitungszeit: etwa 30 Minuten
Ruhezeit: etwa 40 Minuten
Backzeit: 20–25 Minuten

- Den Weizen zu feinem Mehl mahlen. In die Mitte eine Mulde drücken, die Hefe hineinbröckeln und den Honig auf die Hefe geben. 1–2 Minuten warten, bis sich die Hefe aufgelöst hat.
- Das lauwarme Wasser zur Hefe gießen und mit der Hefe und etwas Mehl vom Muldenrand zu einem dünnen Brei verrühren. Den Vorteig, mit einem Tuch bedeckt, etwa 15 Minuten an einem warmen Platz gehen lassen.
- Die Knoblauchzehen schälen, grobhacken und mit dem Basilikum, dem Pfeffer, dem Salz und 3 Eßlöffeln Öl im Mörser zerreiben.
- Die Zutaten aus dem Mörser zum Vorteig geben und alles zu einem geschmeidigen Hefeteig verarbeiten, zuerst rühren, dann mit der Hand oder den Knethaken des elektrischen Handrührgerätes oder der Küchenmaschine kneten, bis alles Mehl von der Flüssigkeit aufgenommen worden ist. Den Teig zugedeckt 15–20 Minuten gehen lassen.
- Den Teig nochmals gründlich kneten. Sollte er zu fest sein, etwas Wasser dazugießen. Sollte er so weich sein, daß er sich nicht vom Schüsselrand löst, etwas Weizenvollkornmehl hineinkneten.
- Das Backblech einfetten. Den Teig auf einer mit der Kleie bestreuten Arbeitsfläche etwa ½ cm dick ausrollen und etwa 8 × 10 cm große Stücke daraus ausrädeln oder ausschneiden. Die Stücke auf das Blech legen, mit einer Gabel mehrmals einstechen und, mit einem Tuch bedeckt, noch etwa 10 Minuten gehen lassen, bis sich das Volumen etwa um ein Drittel vergrößert hat.
- Inzwischen den Backofen auf 220° vorheizen. Das Blech in den Ofen (Mitte) schieben und die Stücke in 20–25 Minuten goldbraun backen (Umluft: 190°).
- Das Gebäck aus dem Ofen nehmen, sofort mit dem restlichen Öl bepinseln und auf einem Kuchengitter abkühlen lassen.
- Die Focaccine schmecken am besten ganz frisch ohne Aufstrich zu Käse, Rotwein und Salaten oder Gemüsen mit »Mittelmeercharakter«. Sollten einige übrigbleiben, kann man sie am nächsten Tag wieder aufbacken.

Etwas teurer

Calzonetti oder gefüllte »Pizza«-Brötchen

Zutaten für 10 Stück:
400 g Weizen · 100 g Parmesankäse, frisch feingerieben · 1 Würfel Hefe · 1 Teel. flüssiger Honig · 200 g lauwarme saure Sahne (10 % Fettgehalt) · 62,5 ccm trockener Rotwein · 20 schwarze Oliven · 3 Eßl. Tomatenmark · 5 Eßl. Olivenöl · je 1 Teel. edelsüßes Paprikapulver, getrockneter gerebelter Oregano und

Knoblauchsalz • ½ Teel. schwarzer Pfeffer, frisch gemahlen
Für das Backblech: Butter
Zum Bestreichen: 1 Ei
Zum Belegen: 150 g Salami von etwa 5 cm ∅, in dicken Scheiben, oder beliebige vegetarische »Wurst« • 100 g Emmentaler Käse in dicken Scheiben
Pro Stück etwa 1500 kJ/360 kcal
15 g Eiweiß • 21 g Fett • 26 g Kohlenhydrate • 5 g Ballaststoffe

Vorbereitungszeit: etwa 45 Minuten; die saure Sahne etwa1 Stunde zuvor aus dem Kühlschrank nehmen und mit dem Becher in warmes Wasser stellen.
Ruhezeit: etwa 45 Minuten
Backzeit: 20–25 Minuten

• Den Weizen zu feinem Mehl mahlen und mit dem Parmesankäse in einer Rührschüssel mischen. In die Mitte eine Mulde drücken, die Hefe hineinbröckeln und den Honig auf die Hefe geben. 1–2 Minuten warten, bis sich die Hefe aufgelöst hat.
• Die saure Sahne und den Rotwein hinzufügen und mit der Hefe und etwas Mehl vom Muldenrand zu einem dünnen Brei verrühren. Den Vorteig, mit einem Tuch bedeckt, etwa 15 Minuten an einem warmen Platz gehen lassen.
• Inzwischen die Oliven vom Kern befreien, feinhacken und mit dem Tomatenmark, 4 Eßlöffeln Öl sowie den Gewürzen mischen.
• Zwei Drittel der Gewürzmischung zum Teig geben und alles zu einem geschmeidigen Hefeteig verarbeiten, zuerst rühren, dann mit der Hand oder den Knethaken des elektrischen Handrührgerätes oder der Küchenmaschine kneten, bis alles Mehl von der Flüssigkeit aufgenommen worden ist. Den Teig zugedeckt 15–20 Minuten gehen lassen.
• Den Teig nochmals gründlich kneten. Sollte er zu fest sein, etwas Wasser dazugießen. Sollte er so weich sein, daß er sich nicht vom Schüsselrand löst, etwas Weizenvollkornmehl hineinkneten.
• Das Backblech einfetten. Den Teig ½ cm dick ausrollen. 20 Kreise von 9–10 cm Durchmesser ausstechen (zum Beispiel mit einer Teetasse). Die Hälfte der Kreise auf das Blech legen. Das Ei verquirlen und die Ränder der Teigstücke damit bestreichen. Je 1 Scheibe Wurst, darauf 1 Stück Käse in der Größe der Wurstscheibe und darauf 1 Teelöffel der restlichen Würzmischung in die Mitte der Teigstücke legen, je 1 Teigstück darüberdecken und an den Rändern fest andrücken.
• Die »Brötchen« zugedeckt etwa 15 Minuten gehen lassen, bis sich das Volumen um etwa ein Drittel vergrößert hat. Das restliche verquirlte Ei mit 1 Eßlöffel Öl verrühren und die Brötchen damit bestreichen.
• Den Backofen auf 200° vorheizen. Das Blech in den Ofen (Mitte) schieben und die Brötchen in 20–25 Minuten goldbraun backen (Umluft: 180°).
• Die Brötchen herausnehmen, mit kaltem Wasser besprühen und auf einem Kuchengitter abkühlen lassen.
• Die Calzonetti schmecken am besten frisch.

Braucht etwas Zeit

Grünkernschnecken

Salzige gefüllte Schnecken sind äußerlich nicht ohne weiteres von den süßen »Verwandten« zu unterscheiden, doch der herzhafte Geruch und Geschmack machen sofort Appetit.

Zutaten für 16 Schnecken:
Für den Teig: je 200 g Dinkel und Weizen •

1 Teel. Meersalz · 1 Würfel Hefe · 2 Teel. flüssiger Honig · ¼ l lauwarme reine Buttermilch
Für die Füllung: 50 g geschälte Kürbiskerne · 2 Zwiebeln · 4 Eßl. Olivenöl · 100 g Grünkern · 1 Eßl. gekörnte Gemüsebrühe · ¼ l Wasser · 1 Messerspitze schwarzer Pfeffer, frisch gemahlen · 2 Eßl. Petersilie, frisch feingehackt · 2 Eier
Für das Backblech: Butter
Zum Ausrollen: etwa 40 g Weizenvollkornmehl
Pro Schnecke etwa 680 kJ/160 kcal
6 g Eiweiß · 6 g Fett · 22 g Kohlenhydrate · 4 g Ballaststoffe

Vorbereitungszeit: etwa 1 Stunde; die Buttermilch etwa 1 Stunde zuvor aus dem Kühlschrank nehmen und mit dem Becher in warmes Wasser stellen.
Ruhezeit: etwa 45 Minuten
Zubereitungszeit für die Füllung: etwa 45 Minuten
Backzeit: 15–20 Minuten

- Den Dinkel und den Weizen zu feinem Mehl mahlen und mit dem Salz in einer Rührschüssel mischen. In die Mitte eine Mulde drücken, die Hefe hineinbröckeln und den Honig auf die Hefe geben. 1–2 Minuten warten, bis sich die Hefe aufgelöst hat.
- Die lauwarme Buttermilch dazugießen und mit der Hefe sowie etwas Mehl vom Muldenrand zu einem dünnen Brei verrühren. Den Vorteig, mit einem Tuch bedeckt, etwa 15 Minuten an einem warmen Platz gehen lassen.
- Dann alles zu einem geschmeidigen Hefeteig verarbeiten, zuerst rühren, dann mit der Hand oder den Knethaken des elektrischen Handrührgerätes oder der Küchenmaschine kneten, bis alles Mehl von der Flüssigkeit aufgenommen worden ist. Den Teig zugedeckt 15–20 Minuten gehen lassen.
- Inzwischen für die Füllung die Kürbiskerne in einer trockenen schweren Pfanne bei mittlerer Hitze unter öfterem Wenden rösten, bis sie »knistern« und die grüne Haut zu platzen beginnt. Die gerösteten Kerne beiseite stellen. Die Zwiebeln schälen, würfeln und in der Pfanne im Olivenöl hellgoldbraun braten. Den Grünkern grobschroten, zu den Zwiebelwürfeln geben und knapp 5 Minuten unter öfterem Wenden mit anbraten. Die gekörnte Brühe, das Wasser und den Pfeffer hinzufügen und die Masse zugedeckt bei schwacher Hitze knapp 10 Minuten garen, dabei gelegentlich umrühren. Die Petersilie darunterrühren, die Pfanne vom Herd nehmen und die Masse etwa 30 Minuten zugedeckt ausquellen lassen. Dann die Eier und die gerösteten Kürbiskerne unter die Füllung rühren.
- Den Teig nochmals gründlich durchkneten. Sollte er zu fest sein, etwas Wasser dazugießen. Sollte er so weich sein, daß er sich nicht vom Schüsselrand löst, etwas Weizenvollkornmehl hineinkneten.
- Das Backblech einfetten. Den Teig auf Weizenvollkornmehl zu einem etwa 40 × 50 cm großen Rechteck ausrollen. Die Füllung gleichmäßig daraufstreichen, dabei einen mindestens 2 cm breiten Rand frei lassen. Den Teig von der schmalen Seite her aufrollen und mit einem Brotmesser (scharfem Sägemesser) in gut 2 cm dicke Scheiben schneiden. Die Scheiben auf dem Blech verteilen und nochmals zugedeckt etwa 15 Minuten gehen lassen, bis sich das Volumen um etwa ein Drittel vergrößert hat.
- Inzwischen den Backofen auf 220° vorheizen. Das Blech in den Ofen (Mitte) schieben und die Schnecken in 15–20 Minuten goldbraun backen (Umluft: 190°).
- Die Schnecken aus dem Ofen nehmen, mit kaltem Wasser besprühen und auf einem Kuchengitter abkühlen lassen.
- Die Grünkernschnecken schmecken am besten frisch, sind aber auch am nächsten Tag noch saftig.

Ganz einfach

Grissini

Wer kennt sie nicht, die knusprigen Brotstangen aus Italien, die zu Wein oder Bier so gut schmecken? Vollwertig gelingen sie noch herzhafter und gesünder.

Zutaten für 32 Stück:
je 200 g Weizen und Dinkel · 2 Teel. Meersalz · 1 Würfel Hefe · 1 Eßl. Zuckerrohrgranulat · 150 ccm lauwarmes Wasser · 2 Eßl. Apfelessig · 50 g weiche Butter
Für das Backblech: Butter
Pro Stück etwa 230 kJ/55 kcal
2 g Eiweiß · 2 g Fett · 9 g Kohlenhydrate · 2 g Ballaststoffe

Vorbereitungszeit: etwa 25 Minuten
Ruhezeit: etwa 40 Minuten
Backzeit: 25–30 Minuten

- Den Weizen und den Dinkel zu feinem Mehl mahlen und mit dem Salz in einer Rührschüssel mischen. In die Mitte eine Mulde drücken, die Hefe hineinbröckeln und das Zuckerrohrgranulat auf die Hefe geben. Das lauwarme Wasser dazugießen und mit der Hefe und etwas Mehl vom Muldenrand zu einem dünnen Brei verrühren. Den Vorteig, mit einem Tuch bedeckt, etwa 15 Minuten an einem warmen Platz gehen lassen.
- Dann den Essig und die weiche Butter in Flöckchen hinzufügen und alles zu einem geschmeidigen, festen Hefeteig verarbeiten, zuerst rühren, dann mit der Hand oder den Knethaken des elektrischen Handrührgerätes oder der Küchenmaschine kneten, bis alles Mehl von der Flüssigkeit aufgenommen worden ist. Den Teig zugedeckt 15–20 Minuten gehen lassen.
- Den Teig nochmals gründlich kneten. Sollte er zu fest sein, etwas Wasser dazugießen. Sollte er so weich sein, daß er sich nicht vom Schüsselrand löst, etwas Weizenvollkornmehl hineinkneten.
- Ein bis zwei Backbleche einfetten. Den Teig in 4 gleich große Stücke und jedes nochmals in 4 gleich große Stücke teilen. Jedes Stück noch einmal halbieren = 32 gleich große Stücke. Jedes Stück zu einer Rolle von etwa 30 cm Länge formen, auf das (die) Blech(e) legen und zugedeckt 10–15 Minuten gehen lassen, bis sich das Volumen um etwa ein Drittel vergrößert hat.
- Inzwischen den Backofen auf 220° vorheizen. Das Blech in den heißen Ofen (Mitte) schieben und die Grissini in 25–30 Minuten knusprig braun backen (Umluft: 190°).
- Die Stangen herausnehmen, kurz mit kaltem Wasser besprühen und auf einem Kuchengitter abkühlen lassen.
- Die Grissini schmecken zu Wein oder Bier. Gut ausgekühlt und sehr trocken gebacken, halten sie sich in einer verschlossenen Blechdose etwa 1 Woche frisch.

Varianten: 30 g Mohn oder 40 g ungeschälte Sesamsamen in einer trockenen schweren Pfanne bei mittlerer Hitze unter öfterem Wenden rösten, bis sie angenehm duften. Die gerösteten Samen unter den Teig kneten. Oder die Teigstangen zu Brezeln formen, an den übereinanderliegenden Stellen gut andrücken und wie oben angegeben braun backen.

Braucht etwas Zeit

Gefüllte Dreikornhörnchen

Bild Umschlag-Rückseite

Zutaten für 16 Hörnchen:
Für den Teig: 400 g Weizen · je 50 g Buchweizen und Hirse · 20 g puderfeines Vollsojamehl · 1 Teel. Meersalz · 1 Würfel Hefe · 2 Teel. flüssiger Honig · ¼ l lauwarmes Wasser
Für die Füllung: 250 g Zwiebeln · 5 Eßl. Olivenöl · 250 g Schafkäse · 15 frische Salbeiblätter · etwa 1 Messerspitze schwarzer Pfeffer, frisch gemahlen
Zum Ausrollen: Weizenvollkornmehl
Zum Bestreichen: 1 Ei
Zum Bestreuen: etwa 20 g ungeschälte Sesamsamen
Für das Backblech: Butter
Pro Hörnchen etwa 820 kJ/200 kcal
8 g Eiweiß · 9 g Fett · 23 g Kohlenhydrate · 4 g Ballaststoffe

Vorbereitungszeit: etwa 50 Minuten
Ruhezeit: etwa 40 Minuten
Backzeit: etwa 20 Minuten

• Den Weizen, den Buchweizen und die Hirse zusammen zu feinem Mehl mahlen, dann mit dem Sojamehl und dem Salz mischen.
In die Mitte eine Mulde drücken, die Hefe hineinbröckeln, den Honig auf die Hefe geben und 1–2 Minuten warten, bis sich die Hefe aufgelöst hat.

• Das lauwarme Wasser dazugießen und mit der Hefe sowie etwas Mehl vom Muldenrand zu einem dünnen Brei verrühren. Den Vorteig, mit einem Tuch bedeckt, etwa 15 Minuten an einem warmen Platz gehen lassen.

• Dann alles zu einem geschmeidigen Hefeteig verarbeiten, zuerst rühren, dann mit der Hand oder den Knethaken eines elektrischen Handrührgerätes oder der Küchenmaschine kneten, bis alles Mehl aufgenommen worden ist. Den Teig 15–20 Minuten zugedeckt gehen lassen.

• Inzwischen für die Füllung die Zwiebeln schälen, würfeln und in dem Olivenöl goldgelb braten. Den Käse in kleine Würfel schneiden. Die Salbeiblätter waschen, abtropfen lassen und feinschneiden. Die Zutaten für die Füllung mischen und mit dem Pfeffer abschmecken.

• Den Teig nochmals gründlich kneten, halbieren und jedes Teigstück auf Vollkornmehl zu einer runden Platte von etwa 40 cm Durchmesser ausrollen. Die Teigplatten jeweils in 8 »Tortenstücke« schneiden.

• Das Ei verquirlen. Die äußeren Ränder und die Spitzen der Teigdreiecke damit bestreichen. Die Füllung auf die Dreiecke verteilen, dabei die Ränder und die Spitzen frei lassen. Die Teigstücke jeweils vom äußeren Rand zur Spitze hin fest aufrollen. Die Rollen mit Ei bestreichen und mit den Sesamsamen bestreuen.

• Ein Backblech einfetten. Den Backofen auf 220° vorheizen. Die Teigrollen auf das Blech legen und dabei zu Hörnchen biegen. Mit einem Tuch bedeckt, nochmals 10–15 Minuten gehen lassen, bis sich das Volumen um etwa ein Drittel vergrößert hat.

• Das Blech in den Backofen (Mitte) schieben und die Hörnchen in etwa 20 Minuten goldbraun backen (Umluft: 190°).

• Das Gebäck herausnehmen, mit kaltem Wasser besprühen und auf einem Kuchengitter abkühlen lassen.

• Die Dreikornhörnchen schmecken frisch oder am nächsten Tag, am besten unbestrichen. Sie sind auch gut zum Mitnehmen geeignet.

Spezialbrote

Die Brotindustrie und die Bäckereien bieten vermehrt Brote und Gebäck für besondere Bedürfnisse an, wie zum Beispiel Brot ohne Salzzusatz, Brote mit weniger Kohlenhydraten oder vereinzelt auch glutenfreies Brot für Zöliakiekranke.
Trotzdem ist es für Menschen, die Spezialbrote für eine Diät oder aus anderen Gründen suchen, nicht immer einfach, jederzeit das Geeignete zu finden. Hier bietet die eigene Backstube die Möglichkeit, jederzeit frisches Brot, auf den individuellen Geschmack abgestimmt, zu haben. Mit frisch gemahlenem Vollgetreide schmecken auch diese Brote so gut, daß man kaum noch von Verzicht sprechen kann.

Eiweißreich · Kohlenhydratarm

Vierkorn-Sojaschrotbrot

Bild 3. Umschlagseite

Sojaschrot, Gerste und Hafer sind eine richtige Kraft- oder Sportlernahrung. Diese Getreidearten geben dem Brot einen kräftigen herzhaften Geschmack. Durch den Zusatz von eiweißreichem Sojaschrot sind die Kohlenhydrate reduziert und deshalb ist dieses Brot auch für Diabetiker geeignet.

Zutaten für eine Brotform von 30 cm Länge (1 Brot von etwa 1600 g):
Für den Vorteig, 1. Stufe (mindestens 38 Stunden vor dem Backen):
250 g Roggen · 2 Teel. Backfermentpulver · ½ l lauwarmes Wasser · 2 Eßl. flüssiger Honig

• Den Roggen zu feinem Mehl mahlen, in einer großen Schüssel mit dem Backferment mischen und mit dem lauwarmen Wasser sowie dem Honig verrühren. Die Schüssel zugedeckt für 24 Stunden an einen mindestens 24° warmen Platz stellen. Danach sollte der Teig deutlich sichtbar gegoren sein, das heißt, die Oberfläche sollte hell-schaumig aussehen.

Für den Vorteig, 2. Stufe (mindestens 14 Stunden vor dem Backen):
250 g Roggen · ¼ l lauwarmes Wasser

• Den Roggen zu feinem Mehl mahlen und mit dem lauwarmen Wasser unter den Vorteig rühren. Die Schüssel für weitere 12 Stunden zugedeckt warm (mindestens 24°) stellen. Danach sollte die Gärung noch deutlicher erkennbar sein, das heißt, der ganze Teig sollte wie zusammengefallener Schaum aussehen und nach Brot riechen.

Für den Brotteig (mindestens 2 Stunden vor dem Backen):
200 g Sojabohnen oder Sojaschrot (Fertigprodukt) · 250 g Weizen · je 100 g Gerste und Hafer · 2–3 Teel. Meersalz
Für die Form: Butter
Bei 32 Scheiben pro Scheibe etwa 500 kJ/ 120 kcal
6 g Eiweiß · 3 g Fett · 19 g Kohlenhydrate · 5 g Ballaststoffe

Vorbereitungszeit: etwa 30 Minuten
Ruhezeit: etwa 2 Stunden
Backzeit: etwa 1¼ Stunden

• Die Sojabohnen in einer trockenen schweren Pfanne unter Wenden rösten, bis sie knistern, etwas dunkler geworden sind und angenehm duften. Die Bohnen etwas abkühlen lassen, dann grobschroten oder fertigen Sojaschrot (der ebenfalls hitzebehandelt ist) verwenden.
• Den Weizen, die Gerste und den Hafer zu feinem Mehl mahlen, mit dem Salz und dem Sojaschrot zum Vorteig geben und alles zu einem

geschmeidigen Teig verarbeiten, am besten mit den Knethaken eines elektrischen Handrührgerätes oder einer Küchenmaschine oder mit einem stabilen Holzlöffel von Hand.

- Die Form einfetten, den Teig hineinfüllen, mit einem Teigschaber glattstreichen und das Brot zugedeckt mindestens 2 Stunden gehen lassen, bis sich das Volumen um etwa ein Drittel vergrößert hat.
- Den Backofen auf 190° vorheizen oder das Brot in den kalten Backofen (unten) schieben und die Vorheizzeit zur Backzeit hinzurechnen. Das Brot in etwa 1¼ Stunden goldbraun backen (Umluft: 170°), bis es mindestens 1 mm ringsum kleiner geworden ist, das heißt, vom inneren Formrand absteht.
- Das Brot 30 Minuten im ausgeschalteten Backofen stehenlassen, dann aus der Form nehmen, von allen Seiten mit kaltem Wasser besprühen und auf einem Kuchengitter auskühlen lassen.
- Das Vierkorn-Sojaschrotbrot hält sich, wenn es kühl und luftig gelagert wird, bis zu 2 Wochen frisch und schmeckt mit jeder Art von Aufstrich.

Kalorienarm · Ballaststoffreich

Kleiebrot

Ballaststoffe in Form von Weizenkleie werden von vielen Ernährungswissenschaftlern als Nahrungszusatz empfohlen, weil der Ballaststoffanteil in unserer Nahrung im allgemeinen viel zu niedrig ist und einige Krankheiten darauf zurückgeführt werden. Pur, als Müslizusatz oder sogar hübsch in »Riegel« verpackt, sagt der Geschmack aber nicht jedem zu. In einem leicht gesäuerten Brot schmecken Sie die Kleie jedoch kaum heraus. Außerdem wird ein solches Brot locker und etwas kalorienärmer. Es ist für die Schlankheitskur und die Diabetesdiät zu empfehlen.

Zutaten für eine Kastenform von 26 cm Länge (1 Brot von etwa 1100 g):
Für den Vorteig, 1. Stufe (mindestens 48 Stunden vor dem Backen):
125 g Roggen · 1 Teel. Backfermentpulver · ¼ l lauwarmes Wasser · 1 Eßl. flüssiger Honig

- Den Roggen zu feinem Mehl mahlen, in einer großen Schüssel mit dem Backferment mischen und mit dem lauwarmen Wasser sowie dem Honig verrühren. Die Schüssel zugedeckt für 24 Stunden an einen mindestens 24° warmen Platz stellen. Danach sollte der Teig deutlich sichtbar gegoren sein, das heißt, die Oberfläche sollte wie schmutziger Schaum aussehen.

Für den Vorteig, 2. Stufe (mindestens 24 Stunden vor dem Backen):
125 g Roggen · ⅛ l lauwarmes Wasser

- Den Roggen zu feinem Mehl mahlen und mit dem lauwarmen Wasser unter den Vorteig rühren. Die Schüssel für weitere 12 Stunden zugedeckt warm stellen. Danach sollte die Gärung noch deutlicher erkennbar sein, das heißt, der ganze Teig sollte wie zusammengefallener Schaum aussehen.

Für den Brotteig (mindestens 12 Stunden vor dem Backen):
250 g Weizen · 60 g Weizenkleie (Fertigprodukt) · 2 Teel. Meersalz
Für die Form: Butter
Bei 27 Scheiben pro Scheibe etwa 260 kJ/ 60 kcal
3 g Eiweiß · 1 g Fett · 12 g Kohlenhydrate · 4 g Ballaststoffe

Vorbereitungszeit: etwa 20 Minuten
Ruhezeit: etwa 12 Stunden
Backzeit: etwa 1 Stunde

• Den Weizen zu feinem Mehl mahlen und mit der Kleie sowie dem Salz zum Vorteig geben. Alles zu einem geschmeidigen, noch etwas klebrigen Teig verarbeiten, am besten mit den Knethaken eines elektrischen Handrührgerätes oder einer Küchenmaschine oder mit einem stabilen Holzlöffel von Hand. Den Teig zugedeckt 10–11 Stunden ruhen lassen.
• Danach den Teig nochmals durchkneten. Die Form einfetten. Den Teig hineinfüllen, mit einem Teigschaber glattstreichen und das Brot zugedeckt 1–2 Stunden gehen lassen, bis sich das Volumen um etwa ein Drittel vergrößert hat.
• Den Backofen auf 190° vorheizen oder das Brot in den kalten Backofen (unten) schieben und die Vorheizzeit zur Backzeit hinzurechnen. Das Brot etwa 1 Stunde backen (Umluft: 170°), bis es goldbraun und mindestens 1 mm ringsum kleiner geworden ist, das heißt vom inneren Formrand absteht.
• Das Brot 15 Minuten im ausgeschalteten Backofen stehen lassen, dann aus der Form nehmen, von allen Seiten mit kaltem Wasser besprühen und auf einem Kuchengitter auskühlen lassen. Oder, falls eine »weiche« Kruste gewünscht wird, das Brot etwa 30 Minuten im ausgeschalteten Backofen stehen lassen, aus der Form nehmen und nur die Oberseite kurz mit kaltem Wasser besprühen.
• Das Kleiebrot hält sich etwa 1 Woche frisch und schmeckt am besten mit Butter und Honig oder Marmelade bestrichen oder mit Käse belegt.

Tip: Selbst ausgesiebte Kleie von frisch gemahlenem Mehl enthält je nach Mühlenfabrikat unterschiedlich große Anteile vom ganzen Korn. Deshalb würden die Rezepte mit Kleie nicht immer »stimmen«, wenn Sie selbst ausgesiebte Kleie verwenden. Reine Weizenkleie (Speisekleie) ist preiswert fast überall erhältlich und als zusätzliche Ballaststoffversorgung meist willkommen. Wenn Sie trotzdem Ihre selbst ausgesiebte Kleie für die Brotrezepte verwenden möchten, müssen Sie eventuell etwas mehr Flüssigkeit hinzufügen (siehe auch Warenkunde Seite 100).

Kalorienarm · Ballaststoffreich

Minus-Kalorien-Brot

Der Lebensmittelhandel bietet Halbfettmargarine, fettarme Wurst- und Käsesorten, Marmeladen mit geringerem Zuckeranteil und so weiter an, damit wir genießen und trotzdem Kalorien sparen können. Mit kleinen Tricks kann man auch bei Brot die Kalorien reduzieren. Es schmeckt saftig-herzhaft und ist durch seinen Ballaststoff- und Mineralstoffreichtum auch sehr gesund. Ein Brot, das auch für Diabetiker geeignet ist.

Zutaten für eine Kastenform von 30 cm Länge (1 Brot von etwa 1350 g):
Für den Vorteig, 1. Stufe (mindestens 40 Stunden vor dem Backen):
125 g Roggen · 1 Teel. Backfermentpulver · ¼ l lauwarmes Wasser · 1 Eßl. flüssiger Honig

• Den Roggen zu feinem Mehl mahlen, in einer großen Schüssel mit dem Backferment mischen und mit dem lauwarmen Wasser sowie dem Honig verrühren. Die Schüssel zugedeckt für 24 Stunden an einen mindestens 24° warmen Platz stellen. Danach sollte der Teig deutlich sichtbar gegoren sein, das heißt, die Oberfläche sollte wie schmutziger Schaum aussehen.

Für den Vorteig, 2. Stufe (mindestens 16 Stunden vor dem Backen):
125 g Roggen · ⅛ l lauwarmes Wasser

• Den Roggen zu feinem Mehl mahlen und mit dem lauwarmen Wasser unter den Vorteig rühren. Die Schüssel für weitere 12 Stunden zugedeckt warm stellen. Danach sollte die Gärung noch deutlicher erkennbar sein, das heißt, der ganze Teig sollte wie zusammengefallener Schaum aussehen.

Für den Brotteig (mindestens 3 Stunden vor dem Backen):
je 100 g Naturreis und Hirse · ¼ l Wasser · je 180 g Weizen und Roggen · 50 g Weizenkleie (Fertigprodukt) · 2 Teel. Meersalz
Für die Form: Butter
Bei 30 Scheiben pro Scheibe etwa 380 kJ/ 90 kcal
3 g Eiweiß · 1 g Fett · 18 g Kohlenhydrate · 4 g Ballaststoffe

Vorbereitungszeit: etwa 30 Minuten
Quellzeit: etwa 1 Stunde
Ruhezeit: etwa 2 Stunden
Backzeit: etwa 1 Stunde

• Den Reis und die Hirse grob schroten. Das Wasser aufkochen, den Schrot langsam und gleichmäßig hineinstreuen, dabei gleichzeitig mit dem Schneebesen umrühren. Die Mischung einmal aufkochen, dann den Topf vom Herd nehmen und den Schrot etwa 1 Stunde zugedeckt ausquellen lassen.
• Den Weizen und den Roggen zu feinem Mehl mahlen und mit der Kleie, dem Salz sowie dem gequollenen Schrot zum Vorteig geben. Alles zu einem geschmeidigen, noch klebrigen Teig verarbeiten, am besten mit den Knethaken eines elektrischen Handrührgerätes oder einer Küchenmaschine oder mit einem stabilen Holzlöffel.
• Die Form einfetten. Den Teig hineinfüllen, mit einem Teigschaber glattstreichen und das Brot zugedeckt mindestens 2 Stunden gehen lassen, bis sich das Volumen um etwa ein Drittel vergrößert hat.
• Den Backofen auf 190° vorheizen oder das Brot in den kalten Backofen (unten) schieben und die Vorheizzeit zur Backzeit hinzurechnen. Das Brot etwa 1 Stunde backen (Umluft: 170°), bis es goldbraun und mindestens 1 mm ringsum kleiner geworden ist, das heißt vom inneren Formrand absteht.
• Das Brot 15 Minuten im ausgeschalteten Backofen stehenlassen, dann aus der Form nehmen, von allen Seiten mit kaltem Wasser besprühen und auf einem Kuchengitter auskühlen lassen. Oder, falls eine »weiche« Kruste gewünscht wird, das Brot etwa 30 Minuten im ausgeschalteten Backofen stehenlassen, aus der Form nehmen und nur die Oberseite kurz mit kaltem Wasser besprühen.
• Das Brot hält sich etwa 5 Tage frisch und schmeckt am besten mit Butter und Honig oder Marmelade bestrichen oder mit Käse belegt.

Tip: Zum Thema Kleie siehe Tip auf Seite 86.

Leicht verdaulich · Ballaststoffreich

Vierkornbrot aus dem Römertopf

Besonders bekömmlich, feinporig und aromatisch wird Brot, das man im Römertopf bäckt. Ein Römertopf-Brot eignet sich daher gut für alle, die einen empfindlichen Magen haben und Leichtverdauliches suchen. Nährstoffreich ist dieses Brot obendrein durch die Mischung aus verschiedenen Getreidearten, vor allem Gerste und Hafer.

Zutaten für 1 Brot (etwa 1500 g):
Für den Vorteig, 1. Stufe (mindestens 38 Stunden vor dem Backen):
250 g Roggen · 2 Teel. Backfermentpulver · ½ l lauwarmes Wasser · 2 Eßl. flüssiger Honig

• Den Roggen zu feinem Mehl mahlen, in einer großen Schüssel mit dem Backferment mischen und mit dem lauwarmen Wasser sowie dem Honig verrühren. Die Schüssel zugedeckt für 24 Stunden an einen mindestens 24° warmen Platz stellen. Danach sollte der Teig deutlich sichtbar gegoren sein, das heißt, die Oberfläche sollte hell-schaumig aussehen.

Für den Vorteig, 2. Stufe (mindestens 14 Stunden vor dem Backen):
250 g Roggen · ¼ l lauwarmes Wasser

• Den Roggen zu feinem Mehl mahlen und mit dem lauwarmen Wasser unter den Vorteig rühren. Die Schüssel für weitere 12 Stunden zugedeckt warm (mindestens 24°) stellen. Danach sollte die Gärung noch deutlicher erkennbar sein, das heißt, der ganze Teig sollte wie zusammengefallener Schaum aussehen und nach Brot riechen.

Für den Brotteig (mindestens 2 Stunden vor dem Backen):
300 g Weizen · je 200 g Gerste und Hafer · 1–2 Teel. Meersalz · 1 Teel. gemahlener Kümmel oder Koriander
Für die Form: Butter
Bei 30 Scheiben pro Scheibe etwa 510 kJ/120 kcal
5 g Eiweiß · 2 g Fett · 24 g Kohlenhydrate · 5 g Ballaststoffe

Vorbereitungszeit: etwa 30 Minuten
Ruhezeit: etwa 2 Stunden
Backzeit: etwa 1½ Stunden

• Den Römertopf mit dem Deckel etwa 30 Minuten ins Wasser legen, so daß er vollkommen bedeckt ist und der Ton sich vollsaugen kann.
• Den Weizen, die Gerste und den Hafer zu feinem Mehl mahlen, mit dem Salz und dem Gewürz zum Vorteig geben und alles zu einem geschmeidigen, noch etwas klebrigen Teig verarbeiten, am besten mit den Knethaken eines elektrischen Handrührgerätes oder einer Küchenmaschine oder mit einem stabilen Holzlöffel von Hand.
• Den Tontopf und den Deckel aus dem Wasser nehmen, etwas abtropfen lassen und den Topf gut einfetten. Den Teig hineinfüllen, mit einem Teigschaber glattstreichen und das Brot zugedeckt mindestens 2 Stunden gehen lassen, bis sich das Volumen um etwa ein Drittel vergrößert hat.
• Die Form mit dem Deckel schließen. Das Brot in den kalten Backofen (unten) schieben. Das Brot etwa 50 Minuten bei 190° (einschließlich Vorheizzeit von etwa 10 Minuten) mit Deckel backen (Umluft: 170°), dann 40 Minuten ohne Deckel weiterbacken, bis es hellgoldbraun und mindestens 1 mm ringsum kleiner geworden ist, das heißt, vom inneren Formrand absteht.
• Das Brot 15 Minuten im ausgeschalteten Backofen stehen lassen, dann aus der Form nehmen, von allen Seiten mit kaltem Wasser besprühen und auf einem Kuchengitter auskühlen lassen. Oder, falls eine »weiche« Kruste gewünscht wird, das Brot etwa 45 Minuten im ausgeschalteten Backofen stehen lassen, aus der Form nehmen und nur die Oberseite kurz mit kaltem Wasser besprühen.
• Das Vierkornbrot hält sich, wenn es kühl und luftig gelagert wird, bis zu 2 Wochen frisch und ist für alle Aufstriche geeignet.

Leicht verdaulich

Flockenbrot

Dieses Brot aus Weizenflocken hat eine besonders weiche Krume und einen milden Geschmack, es ist daher vor allem für viele Magenempfindliche, aber auch für Kleinkinder bekömmlich. Ganz frisch können es allerdings Menschen, die gegen Hefe empfindlich sind, nicht gut vertragen, sie sollten es frühestens am nächsten Tag versuchen.

Zutaten für eine Kastenform von 30 cm Länge (1 Brot von etwa 1400 g):
500 g Weizenflocken · ¾ l Wasser · 1 Würfel Hefe · 1 Eßl. flüssiger Honig · 300 g Weizen · 30 g puderfeines Vollsojamehl · 2 Teel. Meersalz
Für die Form: Butter
Bei 28 Scheiben pro Scheibe etwa 455 kJ/ 110 kcal
4 g Eiweiß · 1 g Fett · 21 g Kohlenhydrate · 2 g Ballaststoffe

Vorbereitungszeit: etwa 25 Minuten
Quellzeit: etwa 12 Stunden (über Nacht)
Ruhezeit: etwa 50 Minuten
Backzeit: etwa 1 Stunde und 20 Minuten

- Am Vortag die Weizenflocken in eine Schüssel füllen. Das Wasser aufkochen und über die Flocken gießen, die Flocken mit einem Löffel von oben etwas zusammendrücken und zugedeckt etwa 12 Stunden (über Nacht) quellen lassen.
- Am nächsten Tag in die Mitte des Flockenbreies eine Mulde drücken, die Hefe hineinbröckeln und den Honig auf die Hefe geben. 1–2 Minuten warten, bis sich die Hefe aufgelöst hat.
- Den Weizen zu feinem Mehl mahlen, mit dem Sojamehl sowie dem Salz hinzufügen und alles zu einem weichen Hefeteig verarbeiten, zuerst rühren, dann von Hand mit einem stabilen Holzlöffel rühren und schlagen oder mit den Knethaken des elektrischen Handrührgerätes oder der Küchenmaschine (Küchenmaschine: mittlere Geschwindigkeit) kneten, bis alles Mehl von der Flüssigkeit aufgenommen worden ist. Den Teig zugedeckt etwa 25 Minuten gehen lassen.
- Den Teig nochmals gründlich kneten. Die Form einfetten. Den Teig hineinfüllen, glattstreichen und nochmals zugedeckt etwa 25 Minuten gehen lassen, bis sich das Volumen um etwa ein Drittel vergrößert hat.
- Inzwischen den Backofen auf 200° vorheizen. Die Form in den Ofen (Mitte) schieben und das Brot in etwa 1 Stunde und 20 Minuten goldbraun backen (Umluft: 180°), bis es vom Innenrand der Form etwa 2 mm absteht.
- Das Brot 20 Minuten im ausgeschalteten Ofen stehenlassen, herausnehmen, weitere 10 Minuten in der Form abkühlen lassen, dann vorsichtig aus der Form nehmen, mit kaltem Wasser besprühen und auf einem Kuchengitter abkühlen lassen.
- Das Flockenbrot bleibt etwa 3 Tage frisch und schmeckt am besten mit Butter und Marmelade oder Honig bestrichen oder mit Käse belegt.

Tip: Das langsam gebackene Flockenbrot aus dem ziemlich weichen Hefeteig sinkt in der Mitte immer etwas ein. Das ist aber nur ein kleiner äußerlicher Schönheitsfehler, der nicht zu vermeiden ist, dem Geschmack und der Krume jedoch keinen Abbruch tut.

Ohne Salz

Sonnenblumenbrot

Zutaten für 2 Brote (von je etwa 600 g):
75 g Sonnenblumenkerne · 500 g Weizen · 200 g Roggen · 1 Würfel Hefe · 1 Teel. flüssiger Honig · ½ l lauwarme reine Buttermilch
Für das Backblech: Butter
Bei 24 Scheiben pro Scheibe etwa 490 kJ/ 120 kcal
5 g Eiweiß · 3 g Fett · 19 g Kohlenhydrate · 4 g Ballaststoffe

Vorbereitungszeit: etwa 35 Minuten; die Buttermilch etwa 1 Stunde zuvor aus dem Kühlschrank nehmen und mit dem Becher in warmes Wasser stellen.
Ruhezeit: etwa 45 Minuten
Backzeit: etwa 45 Minuten

- Die Sonnenblumenkerne in einer trockenen schweren Pfanne bei mittlerer Hitze unter Wenden leicht rösten, bis sie etwas dunkler werden und angenehm duften.
- Den Weizen und den Roggen zu feinem Mehl mahlen und in einer Rührschüssel mischen. In die Mitte eine Mulde drücken, die Hefe hineinbröckeln und den Honig auf die Hefe geben. 1–2 Minuten warten, bis sich die Hefe aufgelöst hat.
- Die lauwarme Buttermilch dazugießen und mit der Hefe sowie etwas Mehl vom Muldenrand zu einem dünnen Brei verrühren. Den Vorteig, mit einem Tuch bedeckt, etwa 15 Minuten an einem warmen Platz gehen lassen.
- Dann alles zu einem geschmeidigen Hefeteig verarbeiten, zuerst rühren, dann mit der Hand oder den Knethaken des elektrischen Handrührgerätes oder der Küchenmaschine kneten, bis alles Mehl von der Flüssigkeit aufgenommen worden ist. Den Teig zugedeckt 15–20 Minuten gehen lassen.
- Den Teig nochmals gründlich kneten. Die Sonnenblumenkerne darunterarbeiten. Sollte der Teig zu fest sein, etwas Wasser dazugießen. Sollte er so weich sein, daß er sich nicht vom Schüsselrand löst, etwas Weizenvollkornmehl hineinkneten.
- Das Backblech einfetten. Den Teig in 2 gleich große Stücke teilen, jedes zu einer Kugel formen, plattdrücken und auf das Blech legen. Zugedeckt etwa 15 Minuten gehen lassen, bis sich das Volumen um etwa ein Drittel vergrößert hat.
- Inzwischen den Backofen auf 200° vorheizen. Das Blech in den Ofen (Mitte) schieben und die Brote in etwa 45 Minuten goldbraun backen (Umluft: 180°).
- Die Brote 10 Minuten im ausgeschalteten Ofen stehenlassen, dann herausnehmen, mit kaltem Wasser besprühen und auf einem Kuchengitter abkühlen lassen.
- Die Brote bleiben etwa 3 Tage frisch. Sie schmecken auch in Scheiben getoastet sehr gut, besonders wenn sie älter als 3 Tage sind.

Ohne Salz · Ballaststoffreich

Kleietoastbrot

Zutaten für eine Kastenform von 26 cm Länge (1 Toastbrot von etwa 1 kg):
400 g Weizen · 100 g Roggen · 50 g Weizenkleie (Fertigprodukt) · 30 g puderfeines Vollsojamehl · 1 Würfel Hefe · 1 Eßl. flüssiger Honig · 200 ccm lauwarmes Wasser · 100 g Magerquark · 200 g Sahne · 30 g weiche Butter
Für die Form: Butter
Bei 20 Scheiben pro Scheibe etwa 590 kJ/ 140 kcal
5 g Eiweiß · 6 g Fett · 17 g Kohlenhydrate · 4 g Ballaststoffe

Vorbereitungszeit: etwa 25 Minuten
Ruhezeit: etwa 45 Minuten
Backzeit: 40–45 Minuten

• Den Weizen und den Roggen zu feinem Mehl mahlen und mit der Kleie sowie dem Sojamehl in einer Rührschüssel mischen. In die Mitte eine Mulde drücken, die Hefe hineinbröckeln und den Honig auf die Hefe geben. 1–2 Minuten warten, bis sich die Hefe aufgelöst hat.
• Das lauwarme Wasser dazugießen und mit der Hefe und etwas Mehl vom Muldenrand zu einem dünnen Brei verrühren. Den Vorteig, mit einem Tuch bedeckt, etwa 15 Minuten an einem warmen Platz gehen lassen.
• Dann den Quark, die Sahne und die weiche Butter in Flöckchen hinzufügen und alles zu einem geschmeidigen Hefeteig verarbeiten, zuerst rühren, dann mit der Hand oder den Knethaken des elektrischen Handrührgerätes oder der Küchenmaschine kneten, bis alles Mehl von der Flüssigkeit aufgenommen worden ist. Den Teig zugedeckt 15–20 Minuten gehen lassen.
• Den Teig nochmals gründlich kneten. Sollte er zu fest sein, etwas Wasser dazugießen. Sollte er so weich sein, daß er sich nicht vom Schüsselrand löst, etwas Weizenvollkornmehl hineinkneten.
• Die Form einfetten. Den Teig in die Form füllen, mit einem Teigschaber glattstreichen und nochmals zugedeckt etwa 15 Minuten gehen lassen, bis sich das Volumen um etwa ein Drittel vergrößert hat.
• Inzwischen den Backofen auf 220° vorheizen. Das Brot in den Ofen (Mitte) schieben und in 40–45 Minuten goldbraun backen (Umluft: 190°).
• Das Brot 10 Minuten im ausgeschalteten Ofen stehenlassen, dann herausnehmen, weitere 15 Minuten in der Form abkühlen lassen, aus der Form nehmen, mit kaltem Wasser besprühen und auf einem Gitter abkühlen lassen.
• Das Toastbrot bleibt etwa 5 Tage frisch und schmeckt am besten in Scheiben getoastet und mit Butter und Marmelade oder Honig bestrichen oder mit Käse belegt.

Glutenfrei

Reisbrot

Die folgenden drei Brote eignen sich vor allem für die glutenfreie Kost, also die Diät bei Zöliakie, aber auch für die Reisdiät oder eine salzfreie beziehungsweise salzarme Diät. Rezepte für »normales« Brot aus glutenfreiem Mehl gibt es bei der Gesellschaft für Zöliakie oder sie stehen auf der Mehlpackung. Doch auch aus den glutenfreien Getreiden Reis, Buchweizen und Mais kann man Flachbrote backen, die zwar ganz anders als normales Brot, aber zur Abwechslung sehr gut schmecken und außerdem viele Mineralien der oben angeführten Getreide enthalten.

Zutaten für 16 Flachbrote:
200 g Naturreis · ½ Teel. Meersalz ·
¼ l Wasser · 25 g ungehärtetes Kokosfett (1 Stück)
Für das Backblech: Butter
Zum Ausrollen: 50 g Naturreis, feingemahlen
Pro Stück etwa 300 kJ/70 kcal
2 g Eiweiß · 3 g Fett · 12 g Kohlenhydrate · 1 g Ballaststoffe

Vorbereitungszeit: etwa 15 Minuten
Ruhezeit: etwa 1 Stunde
Backzeit: 30–40 Minuten

• Den Reis zu sehr feinem Mehl mahlen und mit dem Salz in einer Rührschüssel mischen.
• Das Wasser mit dem Kokosfett erhitzen, bis

das Fett geschmolzen ist. Die heiße Flüssigkeit über das Reismehl gießen und sofort schnell damit verrühren. Den Teig mindestens 1 Stunde quellen und abkühlen lassen. Danach durchkneten.

- Das Backblech einfetten. Den Backofen auf 200° vorheizen.
- Den Teig in 4 gleich große Stücke und jedes nochmals in 4 gleich große Stücke teilen. Jedes Stück zu einer Kugel formen. Die Teigkugeln auf dem Blech verteilen und mit bemehlten Fingern sehr flach drücken.
- Das Blech in den Backofen (Mitte) schieben und die Reisbrote 30–40 Minuten backen (Umluft: 180°), bis sie etwas dunkler werden und brüchig sind.
- Die Brote vom Blech nehmen und auf einem Kuchengitter auskühlen lassen.
- Das Reisbrot bleibt, nachdem es gut ausgekühlt ist, in einer verschlossenen Blechdose etwa 5 Tage frisch und schmeckt am besten mit Butter bestrichen und/oder mit Käse belegt.

Glutenfrei

Amerikanisches Maisbrot

Zutaten für eine Kastenform von 24 oder 26 cm Länge (1 Brot von etwa 500 g):
100 g feines gelbes Maismehl · 100 g grober Maisgrieß (Polenta) · 50 g puderfeines Vollsojamehl · ½ Teel. Meersalz · 1 Eßl. Zuckerrohrgranulat · ½ Päckchen Weinstein-Backpulver (2 Teel.) · 2 Eier · 100 g weiche Butter · ⅛ l Milch
Für die Form: Butter

Bei 12 Scheiben pro Scheibe etwa 700 kJ/ 170 kcal
5 g Eiweiß · 10 g Fett · 15 g Kohlenhydrate · 1 g Ballaststoffe

Vorbereitungszeit: etwa 15 Minuten
Ruhezeit: etwa 15 Minuten
Backzeit: 40–45 Minuten

- Das Maismehl mit dem Maisgrieß, dem Sojamehl, dem Salz, dem Zuckerrohrgranulat und dem Backpulver in einer Rührschüssel mischen. Die Eier und die weiche Butter in Flöckchen dazugeben und alles mit den Knethaken eines elektrischen Handrührgerätes oder einer Küchenmaschine gründlich durcharbeiten. Die Milch nach und nach dazugießen und dabei mit dem Schneebesen weiterrühren, bis ein weicher, geschmeidiger Rührteig (wie Kuchenteig) entstanden ist. Den Teig etwa 15 Minuten zugedeckt quellen lassen.
- Oder die Mehlmischung auf eine Arbeitsfläche schütten und in die Mitte eine Mulde drükken. Die Eier hineinschlagen, mit einer Gabel etwas Mehl dazurühren. Die Butter in Flöckchen hinzufügen und alles schnell von außen nach innen zu einem geschmeidigen Knetteig verarbeiten. Den Teig in eine Rührschüssel geben, die Milch nach und nach dazugießen und gründlich unter den Teig mischen. Den Teig 5–10 Minuten gut durchrühren, bis er wie ein geschmeidiger Kuchenteig aussieht. Den Teig etwa 15 Minuten zugedeckt quellen lassen.
- Die Form einfetten. Den Teig hineinfüllen und glattstreichen. Die Form in den kalten Backofen (Mitte) schieben und das Maisbrot in 40–45 Minuten bei 190° goldbraun backen (Umluft: 170°). Für die Vorheizzeit je nach Backofen 5–20 Minuten dazurechnen. Die Garprobe mit einem Stäbchen aus Holz oder Stahl machen: In der Mitte einstechen, das Stäbchen herausziehen, wenn kein Teig mehr haften bleibt, ist das Brot gar.
- Das Brot 5 Minuten im ausgeschalteten Ofen stehen lassen, dann herausnehmen, in der Form etwas abkühlen lassen und anschließend ohne Form auf einem Gitter auskühlen lassen.

• Das Maisbrot schmeckt am besten frisch, mit Butter bestrichen. Es paßt auch gut als Beilage zu Gemüse- und Fleischgerichten, die mit Pfeffer, Cayennepfeffer oder Paprika scharf abgeschmeckt wurden.

Ohne Salz · Glutenfrei

Pikante Fladen

Zutaten für 10 Fladenbrote:
200 g Naturreis · 200 g Buchweizen · 1 Teel. gemahlene Fenchelsamen · ½ Teel. Currypulver · 400 ccm Milch · 50 g Butter
Für das Backblech: Butter
Pro Stück etwa 850 kJ/200 kcal
6 g Eiweiß · 7 g Fett · 31 g Kohlenhydrate · 2 g Ballaststoffe

Vorbereitungszeit: etwa 15 Minuten
Quellzeit: etwa 1 Stunde
Backzeit: etwa 40 Minuten

• Den Reis und den Buchweizen zu feinem Mehl mahlen und mit dem Fenchel und dem Curry in einer Rührschüssel mischen. Die Milch mit der Butter erhitzen, bis das Fett geschmolzen ist, dann über die Mehlmischung gießen und gründlich damit verrühren. Den Teig mindestens 1 Stunde quellen lassen.
• Danach den Teig durchrühren.
• Das Backblech einfetten. Den Backofen auf 200° vorheizen.
• Vom Teig mit einem Teigschaber nacheinander etwa 10 Portionen abnehmen und jeweils auf dem Blech flachstreichen (etwa 10x10 cm groß). Das Blech in den Ofen (Mitte) schieben und die Fladenbrote etwa 40 Minuten backen, bis sie dunkler werden und brüchig sind.
• Die Brote vom Blech nehmen und auf einem Kuchengitter auskühlen lassen.
• Das Fladenbrot schmeckt am besten frisch mit Butter bestrichen und/oder mit Käse belegt. Es hält sich aber auch, trocken aufbewahrt, 3–4 Tage.

Ohne Salz

Würziges Sesamknäcke- oder Flachbrot

Zutaten für 8 große Knäcke- oder Flachbrote:
200 g Roggen · 100 g Weizen · 2 Teel. Kümmelsamen · je ½ Teel. Koriander- und Anissamen · 1 Teel. Weinstein-Backpulver · 50 g weiche Butter · 250 g Vollmilchjoghurt
Für die Backbleche: Butter
Zum Ausrollen: 50 g ungeschälte Sesamsamen · 50 g Weizenvollkornmehl
Pro Stück etwa 970 kJ/230 kcal
7 g Eiweiß · 11 g Fett · 27 g Kohlenhydrate · 7 g Ballaststoffe

Vorbereitungszeit: etwa 30 Minuten
Ruhezeit: etwa 30 Minuten
Backzeit pro Blech: 25–30 Minuten

• Den Roggen und den Weizen mit der Hälfte der Kümmelsamen sowie den Koriander- und Anissamen zu feinem Mehl mahlen und mit dem Backpulver in einer Rührschüssel mischen.
• Die weiche Butter in Flöckchen, den Joghurt und die restlichen Kümmelsamen hinzufügen und alles mit den Knethaken eines elektrischen Handrührgerätes oder einer Küchenmaschine zu einem festen Teig verkneten. Den Teig mindestens 30 Minuten quellen lassen.
• Oder die Mehlmischung auf eine Arbeitsfläche schütten, in die Mitte eine Mulde drücken,

die Butter in Flöckchen hineingeben und mit einer großzinkigen Gabel so viel Mehl unter die Butter kneten, wie sie aufnimmt. Den Joghurt nach und nach unter den Teig kneten. Den Teig mindestens 30 Minuten quellen lassen.

• Zwei Backbleche einfetten. Den Backofen auf 200° vorheizen.

• Die Sesamsamen mit dem Weizenmehl auf einer Arbeitsfläche mischen. Den Teig in 8 gleich große Stücke teilen. Jedes Stück auf der Sesammischung zu einer Platte von etwa 15 cm Durchmesser ausrollen und die Brote auf den Blechen verteilen.

• Die Bleche nacheinander in den Backofen (Mitte) schieben und die Flachbrote 25–30 Minuten backen, bis sie goldbraun und brüchig sind; im Umluftbackofen beide Bleche auf einmal einschieben und bei 180° backen.

• Die Brote auf einem Kuchengitter auskühlen lassen.

• Die Knäcke- oder Flachbrote bleiben, in einer verschlossenen Blechdose aufbewahrt, etwa 1 Woche frisch.

Ohne Salz

Vierkornbrötchen

Zutaten für 12 Brötchen:
50 g gelbe Sojabohnen oder Sojaschrot (Fertigprodukt) · 250 g Weizen · je 50 g Roggen, Buchweizen und Hafer · 20 g Mohn · 1 Würfel Hefe · 1 Eßl. flüssiger Honig · 200 g lauwarme saure Sahne (10 % Fettgehalt) · 200 ccm lauwarme reine Buttermilch · 50 g feine Haferflocken
Für das Backblech: Butter
Zum Formen: etwa 30 g feine Haferflocken
Pro Brötchen etwa 760 kJ/180 kcal
8 g Eiweiß · 5 g Fett · 27 g Kohlenhydrate · 5 g Ballaststoffe

Vorbereitungszeit: etwa 40 Minuten; die saure Sahne und die Buttermilch etwa 2 Stunden zuvor aus dem Kühlschrank nehmen und bei Zimmertemperatur stehen lassen.
Ruhezeit: etwa 45 Minuten
Backzeit: 15–20 Minuten

• Die Sojabohnen in einer trockenen schweren Pfanne bei mittlerer Hitze unter öfterem Wenden rösten, bis sie etwas dunkler werden, angenehm duften und die Schalen zu platzen beginnen. Die Bohnen etwas abkühlen lassen, dann grobschroten. Oder fertigen Sojaschrot (der ebenfalls hitzebehandelt ist) verwenden.

• Den Weizen und den Roggen zu feinem Mehl mahlen und mit dem Sojaschrot mischen.

• Den Buchweizen und den Hafer grobschroten und zusammen mit dem Mohn ebenfalls in einer trockenen schweren Pfanne bei mittlerer Hitze unter Wenden rösten, bis alles angenehm duftet. Das Geröstete zur Mehlmischung geben. In die Mitte eine Mulde drücken, die Hefe hineinbröckeln und den Honig auf die Hefe geben. 1–2 Minuten warten, bis sich die Hefe aufgelöst hat.

• Die saure Sahne sowie die Buttermilch hinzufügen und mit der Hefe sowie etwas Mehl vom Muldenrand zu einem dünnen Brei verrühren. Diesen, mit einem Tuch bedeckt, etwa 15 Minuten an einem warmen Platz gehen lassen.

• Alles zu einem geschmeidigen Hefeteig verarbeiten, zuerst rühren, dann mit der Hand oder den Knethaken des elektrischen Handrührgerätes oder der Küchenmaschine kneten, bis alles Mehl von der Flüssigkeit aufgenommen worden ist. Den Teig nochmals zugedeckt 15–20 Minuten gehen lassen.

• Die 50 g Haferflocken hinzufügen und alles wieder gründlich zu einem geschmeidigen, noch etwas klebrigen Hefeteig verkneten.

• Das Blech einfetten. Den Teig in 4 gleich große Stücke und jedes nochmals in 3 gleich große

Stücke teilen. Die Teigstücke in den restlichen Haferflocken wenden, zu Kugeln formen, auf das Blech legen, etwas plattdrücken und zugedeckt etwa 15 Minuten gehen lassen, bis sich das Volumen um etwa ein Drittel vergrößert hat.

- Inzwischen den Backofen auf 220° vorheizen. Das Blech in den Ofen (Mitte) schieben und die Brötchen in 15–20 Minuten goldbraun backen (Umluft: 190°).
- Die Brötchen aus dem Ofen nehmen, mit kaltem Wasser besprühen und auf einem Kuchengitter abkühlen lassen.
- Die Vierkornbrötchen schmecken am besten frisch oder am nächsten Tag mit Butter und Marmelade oder Honig bestrichen oder mit Käse belegt.

Ohne Salz

Kümmelkissen

Zutaten für etwa 16 Stück:
200 g Dinkel · 2 Teel. Kümmelsamen · ½ Päckchen Weinstein-Backpulver (2 Teel.) · 250 g Magerquark · 100 g weiche Butter
Für das Backblech: Butter
Zum Ausrollen: etwa 50 g Weizenvollkornmehl
Pro Stück etwa 460 kJ/110 kcal
4 g Eiweiß · 6 g Fett · 10 g Kohlenhydrate · 2 g Ballaststoffe

Vorbereitungszeit: etwa 15 Minuten
Ruhezeit: etwa 15 Minuten
Backzeit: etwa 20 Minuten

- Den Dinkel zu feinem Mehl mahlen und mit dem Kümmel sowie dem Backpulver mischen. Die Mehlmischung mit dem Quark und der weichen Butter in Flöckchen in eine Rührschüssel geben und mit den Knethaken eines elektrischen Handrührgerätes oder einer Küchenmaschine gründlich durcharbeiten. Den Teig etwa 15 Minuten zugedeckt quellen lassen.
- Oder die Mehlmischung auf eine Arbeitsfläche schütten, in die Mitte eine Mulde drücken und die Butter in Flöckchen hineingeben. Mit einer grobzinkigen Gabel die Butter mit so viel Mehl mischen, wie sie aufnimmt. Den Quark nach und nach unter den Teig kneten. Sollte der Teig zu weich werden, alles in eine Schüssel füllen und mit einem stabilen Holzlöffel gründlich durcharbeiten. Den Teig etwa 15 Minuten zugedeckt quellen lassen.
- Das Backblech einfetten. Den Teig auf einer bemehlten Arbeitsfläche etwa ½ cm dick ausrollen. Etwa 7x7 cm große Quadrate ausrädeln oder -schneiden und auf das Blech legen. Das Blech in den kalten Backofen (Mitte) schieben und die Kümmelkissen in etwa 20 Minuten bei 200° goldbraun backen (Umluft: 180°). Für die Vorheizzeit je nach Backofen 5–20 Minuten dazurechnen.
- Die Kümmelkissen 5 Minuten im ausgeschalteten Ofen stehenlassen, dann herausnehmen, mit kaltem Wasser besprühen und auf einem Kuchengitter abkühlen lassen.
- Die Kümmelkissen bleiben etwa 2 Tage frisch und schmecken am besten pur zum Frühstück oder als Beilage zu Suppen, zum Beispiel zu Kartoffelsuppe.

Warenkunde und Einkaufstips

Anissamen: Backgewürz mit leicht süßlichem Aroma, als ganze Samen oder möglichst frisch gemahlen verwenden. Anis verliert schnell das Aroma, wenn er gemahlen gelagert wird.

Backferment: Ein Teiglockerungsmittel aus vergorenem Honig und Weizen, das problemlos zu handhaben ist und die Inhaltsstoffe von Getreide sehr gut aufschließt, das heißt gut verdaulich macht. Beim Kauf unbedingt auf das Haltbarkeitsdatum achten! Wenn das Datum zu Hause überschritten wird, ist das Backferment nur noch mit viel längeren Gärzeiten oder gar nicht mehr triebfähig. Wird auch in Teilmengen verkauft (Reformhäuser, Naturkostläden). Backferment kann auch ohne den vom Hersteller empfohlenen »Grundansatz« verwendet werden (siehe Seite 9).

Brotgewürz: Siehe auch Anis, Fenchel, Kümmel, Koriander. Fertige Brotgewürz-Mischungen im Reformhaus, Naturkostläden, Lebensmittelhandel erhältlich. Möglichst als ganze Körner verwenden oder frisch mahlen.

Buchweizen: Der Samen eines Knöterichgewächses. Wird in der Küche zum Getreide gezählt und seit langem wie Getreide verwendet. Die Pflanze wächst auf kargen Böden. Die Samen enthalten hochwertiges Eiweiß, Vitamin B 1 und viele Mineralstoffe, wie zum Beispiel Calcium, Kalium, Magnesium, Phosphor, Eisen und Kieselsäure, außerdem Lezithin. Buchweizenkörner sind ziemlich weich. Die ganzen Körner sind teurer. »Buchweizengrütze« (unter diesem Namen sind die gebrochenen Körner im Handel) ist preiswerter und reicht zum Feinmahlen aus. Auch als Mehl erhältlich, besser ist es jedoch, frisch zu mahlen.

Butter: Wird für die Vollwertküche ausdrücklich empfohlen, da sie das natürlichste Streichfett darstellt, leicht verdaulich ist und viele Vitamine enthält. Der Cholesteringehalt der Butter ist für den Cholesterinspiegel im Blut nicht ganz so entscheidend wie früher angenommen wurde. Butter eignet sich auch vorzüglich zum Backen, sie gehört zum Beispiel in den Teig, damit Toastbrot beim Toasten knusprig wird.

Buttermilch: Eignet sich gut als Flüssigkeit zum Brotbacken, da sie den Teig lockert, Brot oder Gebäck ein feines Aroma gibt. Immer »Reine Buttermilch« zum Backen verwenden, die mehr feste Stoffe als »Buttermilch« enthält. Wenn Sie »Buttermilch« (das ist mit Wasser oder Molke gestreckte reine Buttermilch) zum Teig verwenden, müssen Sie davon etwas weniger nehmen.

Dinkel: Ein Verwandter und Vorläufer des Weizens, der wieder vermehrt angebaut wird. Besonders reich an Eiweiß (Gluten oder Klebereiweiß) und Mineralstoffen, vor allem Calcium, Phosphor und Eisen. Dinkel hat beste Backeigenschaften, eignet sich wie Weizen für Hefeteige und hat ein sehr feines nußartiges Aroma. Brot aus Dinkelmehl wird lockerer, schnittfester und ist länger haltbar als Brot aus Weizen.

Eier: Frische Eier von freilaufenden Hühnern haben die besten Backeigenschaften und geben Gebäck, das viele Eier enthält, wie zum Beispiel Brioches, einen wesentlich besseren Geschmack als Eier von weniger guter Qualität.

Fenchelsamen: Ganz oder gemahlen ein gutes Brotgewürz mit schwach süßlichem Aroma, das die Verdaulichkeit des Brotes verbessert. Möglichst frisch mit dem Getreide mahlen.

Gemüsebrühe, gekörnte: Auch lose und preiswert in Reformhäusern oder Naturkostläden erhältlich. Hier nur zum Würzen von salziger Füllung für Gebäck gebraucht (siehe Seite 80).

Warenkunde und Einkaufstips

Gerste: Als spelzenlose Züchtung = Nacktgerste oder entspelzte Gerste erhältlich. Gerste ist seit langem als Heilnahrung für Leber, Magen und Darm bekannt, sie ist leicht verdaulich, reich an Vitamin B (Niacin) und an Mineralstoffen. Sie enthält nur sehr wenig Gluten oder Klebereiweiß und ist daher nicht als »selbständiges« Brotgetreide geeignet. Sie kann Hefeteigen in kleinen Mengen und Backfermentteigen in größeren Mengen (bis zu etwa einem Viertel der Mehlmenge) beigemischt werden.

Grünkern: Der grün geerntete und auf Holzkohlenfeuer »gedarrte« Dinkel. Für die Ernährung genauso wertvoll wie Dinkel, siehe dort. Zum Backen ist Grünkernmehl weniger geeignet, wohl aber für pikante Füllungen.

Hafer: Als spelzenlose Züchtung = Nackthafer oder entspelzter Hafer erhältlich. Hat von allen Getreidearten den höchsten Eiweiß- und Fettanteil, ist seit langem als Heil- und Kraftnahrung bekannt, enthält reichlich Vitamine der B-Gruppe und wertvolle Mineralstoffe, wie Calcium, Eisen, Mangan, Kupfer und Zink. Als ganze Körner und Haferflocken gibt er Broten einen kräftigen, spezifischen Geschmack.

Haferflocken: Grobe (kernige oder Großblatt-Haferflocken), feine (blütenzarte oder zarte) und sehr feine Haferflocken (Instant- oder Schmelzflocken) im Handel. Zum Brotbacken werden für den Teig meist die »mittleren«, also die feinen oder blütenzarten Haferflocken gebraucht.

Hefe: Natürliches Teigtriebmittel. Als frische Preßhefe in Würfeln zu 42 g oder als Trockenhefe in Portionspackungen zu 7 g angeboten. Bei beiden Sorten unbedingt das Haltbarkeitsdatum beachten. Frische Hefe im Kühlschrank aufbewahren, sie hält sich dort etwa 1 Woche frisch. Hefe läßt sich problemlos einfrieren. Die Würfel etwa 2 Stunden vor der Verwendung aus dem Tiefkühlgerät nehmen und bei Zimmertemperatur auftauen lassen. Zu alte Hefe erkennt man an der bräunlichen, rissigen Oberfläche. Sie kann dann nicht mehr genau wie frische Hefe verwendet werden. Wenn Sie es doch versuchen möchten, dann lösen Sie die Hefe mit dem Honig in der lauwarmen Flüssigkeit auf, befreien sie von den harten Stücken und nehmen mehr Hefe als im Rezept angegeben. Wenn die Hefe allerdings ganz durchgetrocknet ist, muß sie weggeworfen werden.

Hirse: Hirse ist sehr mineralstoffreich, zum Beispiel enthält sie viel Kieselsäure sowie Fluor, Eisen, Magnesium und Kalium, aber auch Vitamine der B-Gruppe. Hirse ist leicht verdaulich. Da sie kein Gluten oder Klebereiweiß enthält, kann sie nur als Zusatz zu Brot oder Gebäck verwendet werden. Hirsemehl als Zusatz rundet oft den Geschmack ab, macht knuspriger und reichert mit den wertvollen Inhaltsstoffen der Hirse an.

Honig: Flüssiger Honig eignet sich gut zum Auflösen frischer Hefe und um deren Triebkraft zu erhöhen. Honig ist auch ein Teiglockerungsmittel, und er süßt zum Beispiel Frühstücksgebäcke oder Toastbrote viel gesünder als weißer Zucker. Da durch die Backhitze einige wertvolle Inhaltsstoffe verlorengehen (aber nicht alle), ist Imkerhonig (der nicht über 40° erhitzt sein darf) zum Backen fast zu schade. Importhonige sind bereits erhitzt, unterliegen aber ebenfalls strengen Qualitätskontrollen. Zum Süßen von Gebäck am besten Blütenhonig verwenden, der einen geringeren Honig-Eigengeschmack hat.

Kleie: siehe Weizenkleie

Koriander: Kräftiges, leicht süßliches Brotgewürz, das allerdings nicht jeder mag. Als ganze

Samen oder möglichst frisch mit dem Getreide zusammen gemahlen verwenden. Verbessert die Verdaulichkeit des Brotes.

Kümmel: Das wichtigste Brotgewürz, als ganze Samen oder gemahlen verwenden, am besten frisch mit dem Getreide mitmahlen. Würzt sehr kräftig und trägt zur besseren Verdaulichkeit des Brotes bei. In kleinen Mengen, zum Beispiel ½ Teelöffel gemahlener Kümmel für 1 Brot, nicht mehr wahrnehmbar (wichtig für Kümmelfeinde), aber zur Geschmacksabrundung und besseren Bekömmlichkeit noch wirksam.

Kürbiskerne: Als ganze geschälte Kürbiskerne oder geröstet und grob gemahlen ein herzhaftes und dekoratives Brotgewürz. Reichert mit wertvollem Öl, Eiweiß und Mineralstoffen an.

Leinsamen: Die Samen geben Brot und Gebäck ein nußartiges herzhaftes Aroma, reichern mit Ballaststoffen sowie mit wertvollem Öl und Eiweiß an. Zum Backen nur dunkelbraune, möglichst kleine Leinsamen verwenden (das sind auch die preiswertesten), sie sind aromatischer. Ganze Leinsamen für Brot vorquellen lassen.

Mais: Mais ist leicht verdaulich, enthält die Vitamine A und E und viele Mineralstoffe. Er ist glutenfrei und eignet sich daher nicht für Hefe- oder andere Brotteige. Man kann ihn wie Kuchenteig (Amerikanisches Maisbrot, Rezept Seite 92) verarbeiten oder als Wertstoffanreicherung in kleinen Mengen zum Brotteig geben.

Malzextrakt: Gerstenmalzextrakt wird aus gekeimter Gerste gewonnen, ist mineralstoffreich, leicht verdaulich und vorzüglich zum Backen geeignet.

Meersalz: Enthält mehr Mineralstoffe als Kochsalz. Da Vollkornbäcker und Vollkornbrotfabriken »mit Meersalz gebacken« als besonderes Prädikat hervorheben, wollen wir unserem Selbstgebackenen auch diesen bescheidenen Luxus gönnen. Die Brote dieses Kochbuches sind schwächer gesalzen als vergleichbare Bäkkerbrote. Mehr Salz im Brotteig verbessert die Haltbarkeit und Struktur der Krume. Wenn Sie das Brot lieber salziger mögen, können Sie problemlos etwas mehr Salz verwenden. Da aber bereits in Käse, Wurst und so weiter viel Salz enthalten ist, habe ich bewußt weniger für die Brotrezepte angegeben.

Milch: In der Vollwertküche verwenden wir das Natürlichste, das der Markt bietet, also Frischmilch. Milch unterstützt die Hefegärung und macht Brot oder Gebäck locker und weich.

Naturreis oder Vollreis: Der ungeschälte und unpolierte Naturreis enthält noch viele Vitamine, Mineralstoffe, Ballaststoffe, Fett und Eiweiß, die in dem »Silberhäutchen« stecken, das beim weißen Reis entfernt wurde. Reis kann gemahlen in kleinen Mengen Brotteig zugesetzt werden. Solches Brot schmeckt »leicht« und hat einen angenehmen »Biß«. Nur aus Reismehl bäckt man Flachbrote für Diätzwecke.

Nüsse: Haselnußkerne, Walnußkerne, Mandeln werden in kleineren Mengen in den Rezepten dieses Kochbuches verwendet. Nüsse immer »nach Saison« kaufen, also ab Oktober, November aus der neuen Ernte nur so viel Nüsse kaufen, wie bis zur nächsten Ernte verbraucht und trocken sowie luftig gelagert werden können. Nüsse niemals auf Vorrat mahlen, das Fett würde ranzig. Nüsse vor Verwendung immer verlesen: Schalenteile und ranzige Nußkerne (innen dunkel und übelriechend) herausnehmen.

Öl: In der Vollwertküche verwenden wir immer nur kaltgepreßtes Öl von guter Qualität, selbst wenn es beim Backen erhitzt wird. Öl macht manche Hefeteige lockerer.

Quark: Lockert manche Hefeteige, gibt dem Gebäck ein feinsäuerliches Aroma und reichert mit wertvollem Eiweiß an.

Roggen: Lange Zeit das wichtigste Brotgetreide im Norden, da er weniger Ansprüche an Boden und Klima stellt, also auch in kälteren Gegenden wächst. Roggen enthält viel Eisen und Kalium, auch wertvolles Eiweiß, jedoch weniger Gluten oder Klebereiweiß als Weizen. Hefe reicht zur Teiglockerung daher nicht aus. Roggen wird mit Sauerteig oder Backferment gut »aufgeschlossen«, das heißt gut verdaulich. Roggenbrot ist ausgesprochen gesund.

Rosinen/Korinthen/Trockenfrüchte: In der Sonne oder in Trocknungsanlagen getrocknete Früchte haben einen hohen Gehalt an natürlichem Zucker. Möglichst ungeschwefelte Trockenfrüchte kaufen; kühl und trocken lagern.

Sahne: Es gilt das gleiche wie für Butter, siehe dort. Sahne kann zur Teiglockerung und Aromatisierung ähnlich wie Butter gebraucht werden.

Salz: siehe Meersalz

Sauerteigextrakt/flüssiger Sauerteig: Beides in Reformhäusern und Naturkostläden erhältlich, Extrakt (Pulver) in Packungen zu 15 g, flüssiger Sauerteig in Folie verschweißt zu 150 g. Bei beiden unbedingt das Haltbarkeitsdatum beachten. Besonders geeignet als »Starter« für selbstgemachten Sauerteig, siehe Seite 10.

Sesamsamen: Geschält und ungeschält erhältlich. Geschälte Sesamsamen für feineres Gebäck, ungeschälte für rustikalere Rezepte verwenden. Zum Würzen, Dekorieren und Anreichern mit den wertvollen Inhaltsstoffen wie hochwertigem Öl und Eiweiß, vielen Mineralstoffen, vor allem Calcium.

Sojabohnen, gelbe: Sie bieten sehr viel Eiweiß (etwa 38 %) und leicht verdauliches Fett, einschließlich Lezithin (etwa 18 %), viele Mineralstoffe, besonders Eisen und Magnesium. Der giftige Trypsinhemmer, den alle Hülsenfrüchte enthalten, wird durch Erhitzen unschädlich gemacht. Sojabohnen sollten daher vor dem Grobschroten immer geröstet (siehe Rezepte) oder als fertiger Schrot (der ebenfalls hitzebehandelt ist) verwendet werden. Selbst frisch hergestellter Sojaschrot ist im allgemeinen aromatischer als gekaufter. Wie Getreide immer erst kurz vor der Verwendung mahlen.

Sojamehl: Aus gelben hitzebehandelten Sojabohnen hergestellt. Goldgelbes, puderfeines Vollsojamehl (also nicht entfettetes) ist ein ideales »Heinzelmännchen« in der Backstube: Sollte ein Teig zu feucht sein, kann auch etwas Sojamehl statt Weizenvollkornmehl hinzugefügt werden. Sojamehl im Brotteig verlängert die Haltbarkeit, verbessert die Struktur der Krume, die Schnittfestigkeit und rundet den Geschmack des Brotes ab. Es wird auch von der Nahrungsmittelindustrie sehr häufig für Backerzeugnisse verwendet.

Sonnenblumenkerne: Die Kerne würzen und dekorieren Brot und Gebäck und reichern es mit wertvollem Öl und Eiweiß sowie Mineralstoffen an. Beim Kauf auf Frische achten, die Kerne dürfen nicht ranzig riechen. Kühl und trocken nicht zu lange lagern, siehe Nüsse.

Trockenfrüchte: siehe Rosinen

Vanille, gemahlen: Natürliches Gewürz aus gemahlenen Vanilleschoten für süße Hefebrote oder -gebäck. Im Reformhaus oder Naturkostladen erhältlich.

Weinstein-Backpulver: In Reformhäusern und Naturkostläden erhältlich. Wird aus natürlichem Weinstein gewonnen.

Weizen: Das wichtigste Brotgetreide der Welt, da es praktisch überall wächst und wegen seines hohen Gehaltes an Gluten oder Klebereiweiß sehr gute Backeigenschaften hat (siehe auch Seite 6). Weizenbrote haben einen milden Geschmack und sind leicht verdaulich. Weizen enthält viel Vitamin B 1.

Weizenkeime: Beim Mahlen von Weizen abgetrennte Keime des Getreides, reich an Vitaminen. Im Handel meist als Flocken erhältlich.

Weizenkleie: Fällt in großen Mengen als »Abfallprodukt« im »normalen« Müllereibetrieb an. Gereinigt und stabilisiert preiswert (auch lose) erhältlich. Kann gut zum Anreichern von Brot und Gebäck mit zusätzlichen Ballaststoffen gebraucht werden. In den Rezepten dieses Buches wurde »gekaufte« Weizenkleie verwendet. Selbst ausgesiebte Kleie von frisch gemahlenem Mehl ist nicht »rein«, sie enthält noch andere Bestandteile des Kornes, quillt mehr und stimmt daher oft mengenmäßig nicht mit der gekauften Kleie überein (siehe Tip Seite 86).

Zitronen-/Orangenschale: Abgeriebene Schale von unbehandelten Früchten eignet sich gut zum Würzen süßer Hefeteige. Die Früchte vorher heiß waschen, gut abtrocknen.

Zuckerrohrgranulat: Der schonend getrocknete, von Schmutz und unlöslichen Bestandteilen gereinigte Saft des Zuckerrohrs. Enthält 2% Mineralstoffe. (Reformhaus, Naturkostladen).

Einkauf und Lagerung von Getreide

Wer regelmäßig sein Brot backen will, der wird kaum das Getreide in teuren Kleinmengen einkaufen wollen, sondern nach einer Quelle suchen, bei der man es günstig in größeren Mengen bekommt. Das ganze Korn ist eine »Naturkonserve« und richtig gelagert lange haltbar. Beim Einkauf direkt vom Erzeuger sollte man darauf achten, daß das Getreide gereinigt ist (siehe Seite 2).
Einige Schadstoffe lassen sich allerdings auch in gewissenhaft biologisch angebautem Getreide nicht vermeiden. Wie man aber festgestellt hat, soll Blei aus verschmutzter Luft nicht in die Getreidepflanze eindringen und äußere Ablagerungen sollen beim Reinigen der Körner von den Spelzen entfernt werden. Cadmium soll zwar zu 50% von der Getreidepflanze aufgenommen werden. Eine Filterschicht, die den Fruchtstand schützt, soll aber ins Korn nur geringe Mengen eindringen lassen. Die Ballaststoffe des Getreidekorns sind deshalb auch unbedingt für unsere Ernährung wichtig, denn sie haben ja vor allem die Funktion, alles Schädliche so schnell wie möglich wieder aus dem Körper hinauszubefördern.
Beim Einkauf von Getreide in größeren Mengen aus der neuen Ernte ist noch zu beachten, daß Sie es nicht vor Mitte November bei sich einlagern, damit es beim Erzeuger lange genug nachtrocknen konnte.
Bei der Lagerung zu Hause sollte möglichst viel Luft an die Körner kommen. Gut geeignet ist ein sauberer, trockener Dachboden. Dort wird es in flachen Kisten oder Pappkartons offen aufgestellt und ab und zu mit den Händen »durchwühlt«. In der Wohnung an einem trockenen, nicht zu warmen Platz kann man sich eine mit Baumwoll- oder Leinenstoff ausgekleidete Korbtruhe herstellen. Es gibt außerdem im Naturwarenhandel »Getreideschränke« aus Holz.

Rezept- und Sachregister

Kursiv gesetzte Seitenzahlen verweisen auf Farbbilder.

Rezept- und Sachregister

Rezept- und Sachregister

Bücher und Adressen, die weiterhelfen

Chemie in Nahrungsmitteln. Verlag Zweitausendeins, Frankfurt 61
Elmadfa (u. a.), Die große GU Nährwert-Tabelle. Die erweiterte Neuausgabe 1988/89. Gräfe und Unzer Verlag
Ernährungsbericht 1984. Deutsche Gesellschaft für Ernährung, Frankfurt
Kapfelsberger/Pollmer, Iß und stirb. Verlag Kiepenheuer & Witsch, Köln
Koerber/Männle/Leitzmann, Vollwert-Ernährung. Haug Verlag, Heidelberg
Thomas, Vollkorn bietet mehr. Diaita Verlag, Bad Homburg

Adressen biologisch wirtschaftender Landwirte durch:

Demeter-Bund, Wellingstr. 24, 7000 Stuttgart
Fördergemeinschaft organisch-biologischer Landbau e. V., 7326 Heiningen

Bezugsquelle für Backofenleuchte:
Backtechnik GmbH, Postfach 80, 6364 Florstadt 1

Ein herzhaftes Vierkorn-Sojaschrotbrot mögen Sportler als eiweißreiche Kraftnahrung gern, Rezept Seite 84 ▷